演讲口才与实用技巧

王超◎编著

国家一级出版社 中国纺织出版社 全国百佳图书出版单位

内 容 提 要

工作汇报、开会发言、语言交流、讲故事、说服别人，如果你曾多少次因表达不清、词不达意而与机会擦肩而过，那么，你需要马上学习实用演讲技巧。

本书从演讲的实际出发，阐述了演讲过程中的准备、语言表达技巧、开场和结尾、修辞艺术、实践技能等，可以给你实用性的指导。你看过之后，只需要照着做，就可以开讲精彩人生。

图书在版编目（CIP）数据

演讲口才与实用技巧／王超编著.—北京：中国纺织出版社，2018.11

ISBN 978-7-5180-5463-3

Ⅰ.①演… Ⅱ.①王… Ⅲ.①演讲—语言艺术—通俗读物 Ⅳ.①H019-49

中国版本图书馆CIP数据核字（2018）第226987号

责任编辑：闫　星　　特约编辑：李　杨

责任校对：武凤余　　责任印制：储志伟

中国纺织出版社出版发行

地址：北京市朝阳区百子湾东里A407号楼　邮政编码：100124

销售电话：010—67004422　传真：010—87155801

http：//www.c-textilep.com

E-mail：faxing@c-textilep.com

中国纺织出版社天猫旗舰店

官方微博http：//weibo.com/2119887771

三河市延风印装有限公司印刷　各地新华书店经销

2018年11月第1版第1次印刷

开本：710×1000　1/16　印张：13

字数：157千字　定价：39.80元

前言

丹尼尔·韦伯斯特说："如果有一天神秘莫测的天意将从我这里把我的全部天赋和能力夺走，而只给我留下选择保留其中一样的机会，我将会毫不犹豫地要求将口才留下，如此一来我将能够快速恢复其余。"演讲，是一门口才的艺术，它旨在调动听众情绪，引起听众的共鸣，从而传达出演讲者想要传达的思想、观点、感悟。

你为什么要学习演讲？

生活中，不少行业领域的佼佼者唯一的缺憾，竟然是不擅长在公共场合讲话。看起来好像没什么，但这几乎是一个致命的缺憾。一次完美的洽谈需要演讲，一次精彩的项目推介需要演讲，一次成功的竞职需要演讲。或许，他们距离顶峰只有一步之遥，但仅仅是因为不会公开讲话，便使自己被成功拒之门外。

或许，你可能会说，自己不是成功人士，所以不需要学习演讲。演讲，看起来是一个特殊职业才需要的技能，但其实跟普通人密切相关。演讲并非仅是成功人士舞台上的分享，更不是成功人士、领导者的专利。有句话说得好，"演讲即日常，演讲即输出，演讲无时不在"。不管是老师，还是其他职业，都有可能遇到需要公开讲话的情况，可以说演讲是一项十分重要的人生技能。如果可以很好地掌握，那么你还会担心在面试、论文答辩时结结巴巴、紧张不已吗？如果你不具备演讲能力，那你只能错过一次次求职机会，在论文答辩时败下阵来。即便是你只需要讲话，但如果你需要好好地跟别人聊天，那么你也一样需要演讲。

真相就是如此，每个人都需要沟通表达，每个人都需要学习演讲。学习演讲，可以培养你比普通人更好的逻辑思维能力，可以提升你制造共鸣的能力和情商，可以帮助你形成个人品牌且输出自我价值观。实用的演讲技巧，会帮助你成为一个卓越的演讲家。

编著者

2018年3月

目录

第 / 1 / 章

演讲准备，凡事预则立

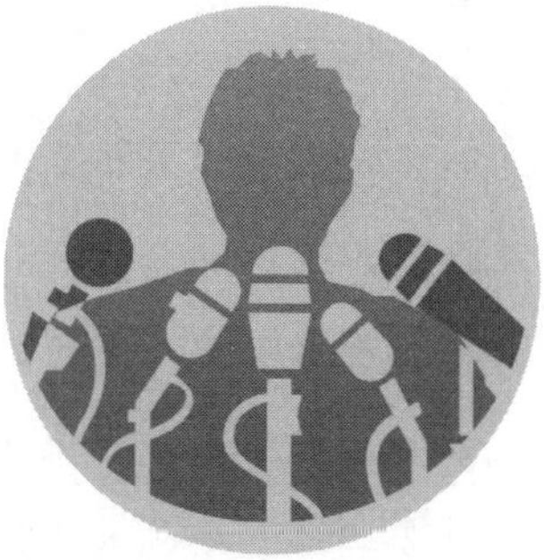

任何一个演讲者，在开始讲话之前都会作足准备，因为，演讲者在讲话前如果一点准备工作都没有，那么，对于演讲过程中出现的阻滞可能会手足无措；而有效的准备工作是能改善这一状况的，并且能帮助演讲者事先发现和找到解决问题的办法，让讲话更流畅。所以，准备工作是取得良好讲话效果的必要条件，要做演讲高手，不妨先从以下几个方面开始学习。

确定鲜明的演讲主题

中国人常说“磨刀不误砍柴工”“有备无患”，也就是说，在做事之前，充分的准备工作有助于提高做事成功的可能性。通常，演讲这类社会活动，更需要我们做到有备而言。事实上，即便是一些演讲大师，他们在演讲之前，也会对语句的组织作一番精心准备，以便使自己的讲话更准确、更生动。

不得不承认，任何人参加演讲，都不可能是无目的、胡说一气的，而往往是有一定的动机的，或激励，或劝说，或说明观点，或部署工作、提供信息等。有演讲目的，自然也就有了演讲主题，可以说，主题是讲话的灵魂，是所有内容的统帅。讲话缺乏主题，即使堆砌大量华丽辞藻，也不会有实际的价值和意义。语言缺乏统帅，就是字词的拼凑，不可能有说服力和感染力。

确定演讲目的不是难事，但提炼出一个吸引人的演讲主题则实为不易，主题能抓住听众的心，是一场演讲成功的开始。因为，对于一场演讲来说，主题是其门面，听众在听你的演讲之前，是无法了解你演讲的具体内容的，真正能吸引他们的，也就是你的演讲主题。

那么，我们该如何确定一场演讲的主题呢？

1. 先明确你的演讲目的

目的一定不能模糊不清，因为你不会希望信息被别人误解。你的演讲目的必须要在主题中体现出来，而不要让听众猜测你究竟在说些什么。

2. 缩小你的演讲范围

演讲前，你要事先准备，自然有大量的数据和资料，但千万不要把你的主题范围定得太广，你会发现想要把你想说的一切归纳出来难度很大。要学会去芜存精，找到主题的焦点，这就意味着你必须缩小范围，如此才能有足够的时间阐明你想要表达的观点。

3. 演讲主题要有针对性，是公众关心的问题

作为一名演讲者，在确定一个主题前，你应该考虑到这个主题有何价值，要知道，不是所有的主题都能激发听众的兴趣。毕竟，演讲是一种社会活动，是用于公众场合的宣传形式，你的目的是“征服”听众，你的主题也应是公众关心的问题，只有这样，才能起到一定的社会效果，让听众心悦诚服。

另外，你还需要明白，你要了解你的听众群体，不同层次的听众，他们关心的问题也是不同的。举个很简单的例子，如果你想演讲“自己动手”这个主题，你确实可以谈洗盘子，不过你似乎确实无法对这个主题充满热情，但你可能没有想到的是，在一批家庭妇女面前，这是个极好的话题。

当然，在确定主题前，你也不能只考虑听众，你还要考虑你自己，只有让自己热衷的主题，才能激发你的演讲兴趣。试想一下，现在假设你正在演讲，却突然有人起来反对你的观点，你是否能慷慨激昂地为自己辩护？如果能，那么，你的主题就选对了。

4. 演讲主题要上口入耳

“演讲”和“表演”不同，前者的本质在“讲”，而后者在“演”，因此，你的演讲主题最好是上口入耳的，比如，马丁·路德·金的《我有一个梦想》，这个主题就简单、明了、让人印象深刻。你可以先默念一下，如果有讲不顺口或听不清楚之处(如句子过长)，就应修改与调整。

5. 演讲主题要有意义

不要把你的时间或者观众的时间浪费在无关紧要的细枝末节上。你不想自己的演讲内容超出听众的理解能力，不过你也不会想要侮辱他们的智慧。记住你是在进行严肃认真的演讲，而不是在咖啡馆里表演喜剧。

总之，演讲主题能限制你的讲话范围，以演讲目的为前提来组织语言和准备材料，就能帮助我们确定讲话主题。

演讲提示：

所谓演讲主题，就是在演讲前要确定的讲话的主要观点和中心思想，也就是我们要向听众传达的观点、感情或态度。要了解讲话的主题，就需要事先了解讲话是为了什么，时刻意识到自己是出于什么动机展开这次讲话。

整理演讲材料，才能言之有物

生活中，人们常说："没有调查就没有发言权。"我们都知道，演讲是语言的艺术，但这并不等于演讲就是信口开河，事实上，我们要达到的演讲目的就是让听众信服，而要做到让我们的演讲言之有物，我们就要在演讲前做好准备工作。另外，在确定了演讲的主题后，如果你能在主题的指导下做一些有针对性的调查工作，那么，不仅能帮助你找到演讲时所要用的演讲材料、更好地撰写演讲稿，最重要的是，你还能了解讲话的场景、听众、背景等方面的信息，这有助于选择适宜的讲话方式，改进讲话效果。

在钱钟书先生的小说《围城》中，主人公方鸿渐留洋回国后，家乡的一所学校请他去给学生们作演讲。而这位方先生实际上肚中并没多少墨水，只是挂个留学生的虚名而已，却因为面子问题而不好推辞。

演讲前的头一天晚上，他准备查找一些资料，但看书时竟睡着了。就这样，第二天演讲时，为了应付，他大谈自己熟悉的有关鸦片与妓女的话题，弄得在场的人都很尴尬，他自己也因此而臭名远扬。

这里，方鸿渐为什么出尽了洋相？很明显是因为准备不充分。他不但没有做好充分的调查工作，甚至连基本的主题都没有确定，临时发挥时只好胡说一气。

我们先来看下面一个领导者的管理教训：

刘洋是一名海归，现在在一家网络公司担任财务总监，在他上任半年后，公司上司让他代表中层管理者作一次演讲。

该怎样确定演讲主题呢？想来想去，他还是决定谈自己的老本行。于是，他决定对公司的账目进行一次大审查，经过调查，刘洋发现，这一年来，居然根本没有盈利。到底是哪里出了问题？

他找来财务人员才知道，原来一直以来，他忽视了一个问题，网络公司在网站维护上的成本投入太多。而造成这一问题又在于公司这一方面人员的多余，很多工作，同一个员工就可以解决，公司却安置了太多的闲余人员。

在找到这些原因后，刘洋在公司的演讲大会上，还提出了一些更细致的解决方案，比如，公司员工的奖金制度应该加以调整并细化；员工的考勤制度也应该明确化……

公司的高层领导对刘洋的演讲表现很满意，并采用了他的方案，在经过一系列的调整后，第二年的第一个月，这家公司就呈现出一片大好的发展趋势。

与第一个案例中的方鸿渐的做法不同，财务总监刘洋为这次演讲进行了全方位的调查，找到了公司的财务问题，并在演讲中提出了具体的措施，自然会赢得领导的认同。

的确，任何一场演讲中，听众都有自己的想法，都是理智的，如果你希望听众能接受你的想法和观点，最好出示有力的证明、有说服力的调查数据等，也就是说，调查是演讲必须要做并且要做好的准备工作。

具体来说，你需要做到：

1. 根据演讲主题收集相关资料

一个观点，你要想说清楚、透彻；一件事情，要想说得可信，你都必须对有关事实进行调查研究，掌握充分的事实材料。这些事实材料，不但使得你的讲话内容有保证，还能增强你在说话时的底气；而如果你不准备材料，或者缺少材料，那么，演讲时你只能勉强开口，甚至根本不知从何说起，这样，你自己说得痛苦，听众也听得无趣。

许多演讲大师都是极善于调查研究的，都是经过很长时间深入基层、深入群众调查后才发表演讲的。

2. 场景与听众情况调查

不同的听众，他们的文化背景、品位、修养都是不同的，感兴趣的话题也会不同，因此，你在演讲前，最好先收集一些关于听众的资料，以确定自己的演讲主题和说话风格以及所需要的材料。

演讲提示：

演讲中，你的观点是否可信，在于你的证据是否可信、你的论证是否符合逻辑。因此，你需要列举出一些有说服力的证据，通过论证的方式，将各种方案的优劣、长短逐一比较分析，而这都需要你做好调查工作。

演讲者的语言爆发力

心理学上，人们把这样一种人格特质——神圣的、鼓舞人心的、能预见未来、创造奇迹的天才气质称为“感召力”，亦称为“领袖气质”。具有这种气质的人对别人具有吸引力并受到拥护。不得不说，这类人在公共场合发表演讲，更易征服人心，要知道，这种影响力不是建立在传统的权威上，而是建立在听众对演讲者非凡才能的感知上。

因此，作为演讲者，我们要想获得听众的认可，最好在日常生活就不断修炼自己的影响力和感召力。

三年前，刘刚还是一名普通的技术主管，整天在生产一线奔波着，而现在，他已经晋升为一名工程部经理了，这让很多和他同时入职的同事羡慕不已。那么，到底是什么让刘刚晋升如此之快，又能得到同事们的青睐呢？

那次，公司的一个大客户因为某个产品的瑕疵点而提出毁约要求，很明显，这一要求是无理的，因为这一瑕疵只是众多产品中一个细小的部分，完全不会影响到产品的使用。面对这种情况，销售部门的各个领导手足无措，便把事情推给了技术部门，技术部门几个木讷的领导，完全不知道如何处理这件事，只能任凭客户发脾气。这时，刘刚恰巧要向领导汇报工作，站在门外的他实在对客户的“嚣张跋扈”忍无可忍了，便推开门进去，对客户说：“我从没有见到像您这样的客户，您要知道，我们技术人员也是人，在研发产品的时候，我们虽然已经尽力做到将瑕疵降到最少，但不能保证一点瑕疵都没有。而事实上，难道您不承认，这些小问题的存在，根本不影响产品的使用吗？再说，我们答应为您延长半年的售后时间了。还有，我看您再也找不到第二家公司比我们给您的更优惠的价格了，不是吗？”刘刚几句话一说完，客户哑口无言，丢下一句：“你不要忘了，我才是客户！”便离开了。大家原以为，接下来等待他们的是公司的训斥。没想到，第二天，这位客户居然撤销了毁约的要求。

此时，大家都感到莫名其妙，刘刚解释道：“事实上，我们都清楚，这位客户完全是无理取闹，但他也是有目的的，那就是价格问题，他可能是道听途说，以为有更便宜的价格，于是，他希望我们降价。而我调查过，我们公司新研发的这个产品，是同类产品价格最低、瑕疵最少的，那天，他丢下那句话便走了，我猜，他回去肯定也了解过，经过利益权衡后，他自然会接受我们的价格……”

听完刘刚的话，这些同事包括领导们都对他投来赞许的目光，自此，刘刚成为同事和领导们关注的对象，他在公司也逐渐树立了威信。

技术人员刘刚为什么能做到让上级和下属都赞叹不已？这一点，得益于这次特殊的机缘。在众人手足无措的情况下，他大胆地站出来，采取了众人不敢一试的方法，正是这种成功的非常规方法，让众人对其刮目相看。

美国心理学家昂格和康南的魅力型领袖理论把魅力视为一种归因现

象，魅力型领导者往往具有远见卓识和自我牺牲精神，有高度的个人冒险倾向，能使用非常规策略，有准确的情境估计能力，自信心强，善于使用个人物质权力等。

“其身正，不令而行；其身不正，虽令不从。”一个演讲者若要使得自己具备感召力和影响力，需要做到以下几点：

1. 严于律己，以行动服人

一个受人敬重的人能做到严于律己、身体力行、为人表率，用自己的实际行动来影响和带动身边的人。

2. 表里如一，为人正直

一个令人信服的人必须做到表里如一，为人处世正直、公正，不搞暗箱操作；也不会当面“抹蜜糖”，背后“捅刀子”。

3. 善于学习，谦虚谨慎

优秀的演讲者一般都是善于学习的，他们不会满足于现有知识和技能，为了充实自己的管理资本，他们往往谦虚谨慎，乐于向自己的上司、同事和下属等学习。

4. 甘于忍让，对人宽容

令人信服的人在为人处事上，往往更懂得将心比心，他们心胸宽广，总是考虑到他人的难处。

具有这种特征的演讲者往往易于形成良好的人际关系，并往往能在需要时得到别人最真诚的支持和帮助。

演讲提示：

一个具有感召力和影响力的演讲者，是听众信服和认同的对象，他能鼓舞士气，是听众效仿的对象。而感召力和影响力的获得，需要我们在日常生活中不断修炼和积累。

设计好演讲思路

我们都知道，演讲是一门艺术。好的演讲能激发听众情绪、赢得听众的好感，要做到这一点，需要演讲者思想丰富、深刻，见解精辟，有独到之处，发人深省，语言表达要形象、生动，富有感染力。事实上，那些熟练的演讲者都会做足准备工作，在演讲前，他们一定会在头脑中事先厘清演讲思绪，因为他们明白，如果演讲时语言平淡无味、观点毫无新意，即使在现场“演”得再卖力，效果也不会好，甚至相反。

顾名思义，对讲话进行构思就是预先对讲话进行总体设计，是对讲话方式、过程、意图等进行的架构。我们先来看看下面的故事：

30岁的陈先生最近刚刚获得一份在商场担任楼层主管的工作，上级领导交给他的第一个任务是：作一次就职演讲。这对于学历不高、木讷的陈先生来说可是个难题，他花了将近十天的时间，来准备这次演讲。

这一天很快就来了，走上公司的会议大厅，他对所有同事和领导说：

“尊敬的各位领导、各位同仁：

“虽然我到××的时间不长，但在这简短的半个月里，我已深深地感受到××这个大家庭的温暖，看到了××的发展前景。我也坚信我能做好这份工作，感谢公司给了我这样一个实现自我价值的舞台。在未来的日子里，我将继续努力，在工作岗位上更加努力地工作、更加刻苦地学习，做一个合格的××人。假如大家相信我、信任我，能够给我一次机会，我将在新的岗位上勤勤恳恳工作、认认真真做事，不辜负领导和同志们的希望和重托，将自己的每一份光和热都融化到××的事业中去，脚踏实地地干出一番事业。

“最后，我希望，能用你们的信任和我的努力作支撑，共铸××商场明天的辉煌！谢谢大家！”

这番演讲里，表达了一个新人对做好未来工作的坚定决心，可谓至真至诚，自然能打动人心，获得同事和领导的支持。

那么，具体来说，我们该如何构思演讲的环节和内容呢？这需要我们从三个方面努力：

1. 整体内容的构思

要做好构思，首先就要你从整体把握。这就要我们根据要演讲的目的和场景确定演讲的主题，并搜罗那些能验证我们观点的材料。在构思的过程中，对材料进行分析与加工，你要确定哪些材料可以用，哪些不可用，以及哪些在加工后才能用，从而使自己讲话的主题建立在充分证据的基础上。这样不但会让讲话内容更充实，也会让自己在讲话时心境更放松，更有自信。

2. 对讲话的结构与过程进行构思

一场好的演讲，必定是气势磅礴的，也就是说，内容的好只是其中一个好的方面而已，还需要有好的形式。我们不难发现，即便同样的演讲内容，被不同的演讲者叙述，也会产生完全不同的效果。这是为什么呢？就是因为他们处理讲话结构的方式不同。一场绝妙的演讲包括开场白、中间部分和收尾，人们常常将这三个部分形象地描述为“凤头、猪肚、豹尾”。

在构思这三个部分时，你需要注意的是，对于第一部分，你不可操之过急，而应该先将听众的注意力吸引过来，然后再展开内容，这一部分要求语言设计巧妙，有吸引人的强烈效果。中间部分则应该层层递进，不断制造高潮，控制听众的思绪，同时语言要充实、舒展，能将要表达的内容完整准确地表达出来。结尾部分则应该用简洁有力的话语迅速收住，不拖泥带水。

3. 关键环节的构思

讲话要引人入胜，还必须巧妙设计一些关键环节。

那么，什么是关键环节呢？所谓关键环节，要么是对观众兴趣的激发，要么是对话语内容的强调。幽默、悬念等话语，是能够让观众高兴、为观众提神的话语，这类话语在整个讲话进程中合理布局，可以让观众处于持续的兴奋状态。对于需要观众认真去听的某些内容，则可以通过重音、通过敲击声、通过向观众提问来提醒他们注意。

演讲提示：

讲话是否经过认真构思，将直接影响讲话的水平与效果。构思详细准确，讲话将更流畅、更充实，否则难免在讲话中出现各种纰漏。

选择合适的演讲材料

我们都知道，演讲者所说的任何一句话，都要有依据，这就涉及材料的选择与使用。我们在确定了演讲的主题后，就能对演讲所需要的材料进行大致的划分，但还需要注意的是，不是所有的材料都适合我们的演讲，也就是要选择精练的材料。那么，在演讲材料的选择和使用上，我们该注意哪些原则呢？

1. 材料必须真实可靠

材料必须准确而真实，这样才能有说服力。在演讲过程中，即便你滔滔不绝、大部分听众连连称赞，一旦被某些听众怀疑，你的讲话效果就会大打折扣。

要做到材料的真实，你就要做到不但掌握书面材料，还要注重对生活的观察，只有通过这种方法收集的材料才是客观存在的，才具有普遍的意义。

另外，你还需要注意的是，整理材料的过程中，你还要把握材料，不能用模糊的词语，让人不敢确定。

2. 材料必须紧紧围绕主题

我们应把主题当成材料取舍的重要标准。我们之所以寻找材料，就是希望材料能起到论证主题的作用。如果偏离主题，那么，你的材料即使再完美，也是毫无意义的。

可见，在选择材料的过程中，只要是能凸显主题的、与主题关系密切或者有关联的，都可以选用；而与主题关系不大，或者无法很好地反映主题的，都应舍弃。

恺撒大帝是罗马共和国末期的军事统帅、政治家，出身贵族家庭。

他曾花了八年时间征服了高卢全境，还袭击了日耳曼和不列颠。但在掌权时期，他曾遭到布鲁图斯等人的诋毁，他们称恺撒有野心，是暴君。安东尼是恺撒的重臣，为此，他站出来为恺撒说话，他用了三个材料：

“他曾获胜于边疆，却将获得的财物都归于国库。”

“他听到穷人的困苦生活，也会掉下泪来。”

“那天，你们曾亲眼目睹我三次劝他登基，他却三次拒绝。”

这里，安东尼所讲述的三个材料，分别证明了三点：恺撒没有为一己之私而侵吞国财；恺撒满怀仁爱之心；恺撒谦虚为人而并非野心勃勃。这几点材料都紧扣主题，都有力地证明了自己的观点，给布鲁图斯等人以强有力的回击。

3. 材料必须典型生动

所谓典型，就是具备代表性，典型材料就是那些最具广泛代表性和强大说服力的材料，这样的材料，能以小见大、以少见多，能帮助我们更自信地阐述观点，也能让讲话更精练。

因此，选择典型性材料，无论从内容还是形式上而言，都是必要的。材料的生动性则体现在材料新颖、实在、有趣、灵活等特征上。新颖生动的材料，能够充分调动听众的兴趣，引发观众的想象力，并且可以使讲话声情并茂，增加表达的感染力，让观众耳目一新。

4. 材料必须要有针对性

适合演讲主题的材料并不少，但我们还需要考虑到听众自身的因素，要真正做到因事、因地、因人，这样才能真正达到以情动人、以理服人的效果，激发听众的热情和兴趣。

那么，什么是针对性的材料呢？

要考虑到演讲的场合和听众的兴趣；要针对听众的不同文化程度，把材料具体化、形象化；要选择那些符合听众心理需求的材料；要选择那些科学性和理论性强的材料，能让听众信服；要考虑到自身的情况，选择那些自身熟悉的材料，这样才能做到演讲时自信满满。

总结起来，演讲者选择和使用材料时，一定要以演讲目的和主题为出发点，并考虑到听众和自身的独特因素，精心选择那些有用的、真实的材料，这样才能帮助我们完成一个出色的演讲。

演讲提示：

确定演讲主题后，演讲者经过调查与构思，将面临材料取舍与使用的问题。收集和搜索了大量的材料之后，并不是所有的材料都可以派上用场的。因为演讲不是简单地堆砌材料，我们需要选取那些最能说明问题、最能打动听众的材料来用。

演讲稿的写作

我们都知道，演讲前的准备工作包括对材料的收集和整理，但一场好的演讲还必须要有一份准备充分的演讲稿，正所谓有备则无患，毕竟人的记忆力与反应能力都是有局限性的，我们不可能记住所有材料的内容，我们也不可能预测到讲话过程中遇到的所有问题。而演讲稿的撰写和熟悉能帮助我们尽量减少这些问题的存在。因此，要成为一名演讲高手，你应先学习写作演讲稿。

我们先看下面一位大学生的职业规划演讲：

尊敬的老师，亲爱的同学们：

大家好！我是来自工商管理系的选手××。这里，我想跟大家分享一下我的职业规划。首先明确一下我的职业目标——职业经理人。

第一步是我的自我分析：我是一个独立、坚强、有责任心的女生，与人打交道的过程中，我热情、大方，所以大家都比较喜欢我。当然，我的性格里也有一些劣势，如缺乏主见，做事不够果断、冲动等。另外，在能力的自我评估方面，我是个有较强的观察分析能力、逻辑思维能力、组织协调能力、交际沟通能力、创新冒险能力的人。这些都是成为一名管理人才必备的能力。

第二步，是我对职业经理人的一些见解。我认为，要成为一名合格的职业经理人要具备四能、三素、双赢、一心这四点。四能就是决策能力、执行能力、组织能力、协调能力。三素就是道德素质、文化素质、个性化因素。双赢强调的是在处理公务、商务中应结盟取胜。一心就是一心放在工作上，对事业精益求精。

当然，这只是规划，实现目标还需要有行动，这就是执行能力。关于我的执行能力，我给自己定的目标是，我在大学期间通过英语四、六级，学好专业知识，考取人力资源管理师证书。毕业后五年争取进入一家大型外资企业，我想我在那里有充分的发展空间，我会以自己的能力成为部门主管或经理。之后××年我会不断学习充实自己，从中层到高层管理职位晋升，最终成为一名职业经理人，实现自己成为高级管理人才的梦想。

“凡事预则立，不预则废。”我想对于自己的人生规划也是这个道理，因为人生就是一部作品，谁有生活的理想和实现的计划，谁就有好的情节和结尾。不管我的职业规划实现的过程是何等艰辛，我坚信，通过我的拼搏，我会有个成功的职业人生。

这篇职业规划演讲稿中，这名学生从自我剖析、职业理解和行动力方面作了全方位的分析，有理有据，结构分明，让人一目了然。

那么，我们如何创作演讲稿呢?

1. 演讲稿要口语化

演讲稿与其他书面表达形式的一个重要区别就是口语化，其他的一些书面报告，人们不太讲究口语化，因为，说话者站在讲台上叙述时，听众的手中也会有一份事先印制好的讲稿，听众不会有什么听不懂的地方。而演讲就不同了，它有更多的即兴发挥，这些是演讲者不可能一一顾及的。为此，我们在撰写演讲稿时，就必须讲究“上口”和“入耳”。所谓上口，就是讲起来通达流利。所谓入耳，就是听起来非常顺畅，没有什么语言障碍，不会令人曲解。

2. 演讲稿要具备鼓动性和号召性

演讲是一门艺术，好的演讲会激发听众的情绪、赢得听众的好感。要做到这一点，首先要依靠演讲稿思想内容的丰富、深刻，见解精辟，有独到之处，发人深省，语言表达要形象、生动，富有感染力。如果演讲稿写得平淡无味、毫无新意，即使在现场“演”得再卖力，效果也不会好，甚至相反。

3. 撰写演讲稿时要将意外情况考虑在内

演讲活动是演讲者与听众面对面的一种交流和沟通。既然是交流和沟通，演讲者就不能对听众的感受和反应置之不理。因此，在撰写演讲稿时，我们要充分考虑到演讲过程中可能遇到的一些意外情况，以及应付各种情况的对策。

总之，演讲稿要具有弹性，要体现出必要的控场技巧。

然而，我们不得不承认的是，整体性演讲稿并不能独立地完成演讲任务，它只是我们演讲时要参考的一个文字依据，是演讲的准备工作。因此，撰写演讲稿时，不能将它从整体中剥离出来。为此，演讲稿的撰写要注意以下几个方面：

首先，要充分考虑到听众的文化层次、修养、品位、兴趣等，以此来确立主题，选择表达方式，以便更好地沟通。

其次，在演讲稿中体现你独到、深刻的见解，要对声调的高低、语速的快慢、体态语的运用进行设计并加以注释，以达到最佳的传播效果。

另外，还要考虑演讲的时间、空间、现场氛围等因素，以强化演讲的现场效果。

演讲提示：

一次好的演讲，离不开好的演讲稿，演讲者将自己的观点、想法以及可能出现的问题用书面形式记载下来，能帮你做到胸有成竹，更出色地完成演讲。

第 / 2 / 章

演讲自信，提高心理素质

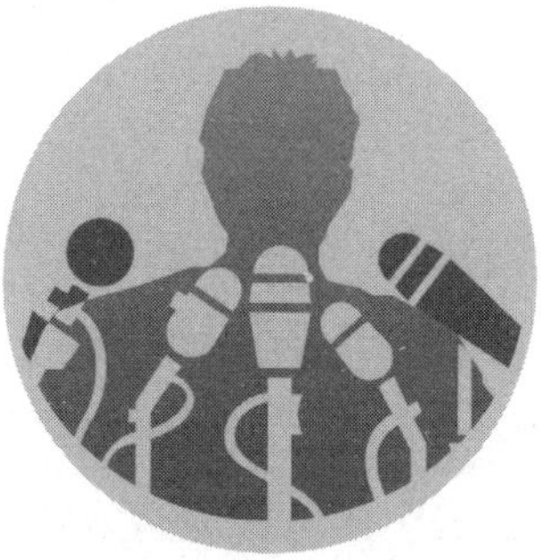

心理学研究表明：人们在日常生活中，经常会遇到各种各样的困难和障碍，为了解决问题、实现自己的目标，就必须克服困难。演讲也是如此。相信大部分演讲者都有登台紧张的苦恼，这种紧张严重时就会给人带来恐惧，形成焦虑。不得不说，如何处理好紧张心理直接影响着演讲的成败。针对演讲中的紧张心理，本章提供了几种“药剂”以供参考。

演讲前的熟练预讲

现实生活中，一些人随着学业、事业的发展，需要当众演讲，如求职面试、竞聘职位、工作述职、汇报说明、总结报告、发表意见、主持活动、商务谈判、宣传产品、激励员工、接受采访、会议发言等。当众讲话是一个人必备的基本技能。英国前首相丘吉尔曾说过一句经典的话：“你能对着多少人当众讲话，你的事业就会有多大！”可见，当众讲话是一门不可不学的一课。

然而，令不少人苦恼的是，他们对于当众讲话会有不同程度的紧张感，所以，我们一定要突破当众讲话让我们感觉到紧张的心理障碍。

美国成人教育家戴尔·卡耐基先生毕生都在训练成人有效地说话。他认为，成人学习当众讲话，最大的障碍便是紧张。他说：“我几乎一生都在致力于帮助人们克服登台的恐惧、增强勇气和自信。”

可以说，在公众面前紧张是再正常不过的心理现象，事实上，紧张能使人大脑皮层兴奋、开发潜能，许多专家认为紧张、压力是激发潜能的有利因素，紧张不见得是件坏事，适度紧张不但无害，还会起到积极的作用。对于当众讲话来说，适度紧张会让我们重视听众、重视我们的表达方式，不至于懈怠。只要你在乎听众，想给听众留下好印象，自然会重视你的讲话，不会完全放松。我们前面提到的很多演讲家终身没有消除演讲的紧张也是这个道理，这样反而会增强表达的效果。

然而，如果紧张变成过度紧张，就需要我们进行调整了，因为它会造成思维停滞言辞不畅。为此，我们需要把它降低到一定程度，让它成为一种助力而不是阻力。

那么，当众讲话紧张的根源在哪里？既然紧张是人的一种反应式行为，那这种紧张到底是对什么作出的反应呢？

对此，我们不妨先来以生活中的高考为例进行分析：

相信大部分人都经历过高考，且高考前一定都特别紧张，这是为什么呢？因为担心意外情况的发生，万一发挥失常，万一考试那天发烧拉肚子，万一题目超出了自己复习的范围……很多偶然情况可能出现。这样，考试成功的把握就更没有多少了。一旦这种不安感产生，紧张感也会随即而来。然而，不得不说，也有不少人是不会担心这一点的，这类人有两种：一种是成绩非常好的，如保送生，他们早就被一些名牌大学钦点，但他们要证明自己的实力，坚持自己考，非北大、清华这类学校不上，因此，他们的把握很大，不会在考试中紧张。还有一种学生，他们的学习成绩很差，深知自己怎么都考不上，“是妈妈让我考的”，不得不参加。这是连需求都没有的人，还紧张什么呢？所以心理学上有一句话，“压力总是伴随着需要而产生”。无欲则刚啊，没有需求了，人还有什么担心和害怕的？

从这个分析中，我们大致也可以推出人们在公共场合紧张的原因：“有需求，没把握。”由于出现了害怕的感觉，让人产生了紧张。无外乎就是害怕“自我形象不好”“怕出丑”“怕丢脸”“怕没面子”。有了这种害怕心理，才会导致紧张出现。

美国魅力学校校长都兰博士认为，产生怯场紧张的原因主要有以下几个方面：

1. 害怕做得没有想得那么好

演讲也是如此，一些人在演讲之前就为自己设定标准，一定要让听众接受自己的想法，一定要博得听众的掌声，一定要……但如果没有做到怎么办？于是，这种想法导致他们害怕起来。

2. 准备得不太充分

任何一场临时抱佛脚的演讲都会让演讲者产生恐惧的心理。

3. 害怕人们（听众）反应不佳

这与第一点异曲同工，对演讲效果的过早考虑，会给人们带来焦虑感。

4. 早期有失败的经历

在众人面前丢脸，要想重拾勇气，确实不易。

5. 没有充分进入角色

当然，最后一点，也和前面四点有着不可分割的联系。

演讲提示：

了解演讲中紧张感产生的原因，能帮助我们对症下药，找到具体的解决措施，以做到在演讲中自信登台、大胆开口。

适当的紧张感是正常的

我们任何人都明白，一个人要想在公共场合作好演讲，就要自信满满，而恐惧是良好表达的天敌。一个人在“不敢说”的前提下是“说不好”的，唯有卸下恐惧的包袱，在语言中注入自信的力量，你才能成为一个敢于表达的人。

曾经在美国有一个调查，人类的14种恐惧中，排在第一位的恐惧——你知道是什么吗？是当众说话！在一群人面前说话真的有这么恐怖吗？可能你也有这样的经历，学生时代，你活泼开朗，和同学们打成一片，但只要老师让你上讲台朗诵课文，你就面红耳赤，甚至结结巴巴。爱默生曾经也说：“恐惧比其他任何事物都更能击败人类。”即便那些演讲大师，也会紧张，只是在逐渐的努力中，他们克服了恐惧。

在朋友的眼中，小雨是一个特别自信的女孩。在与别人说话时，她完全像个成熟的小大人一样落落大方、毫不畏惧，每当有人问起“你为什么这么自信”时，小雨都要讲起小时候的故事——从小到大，父母都特别宠爱她。然而，小雨一直很害羞，家里来了亲戚，她都会躲起来；她一在生人面前说话就脸红。后来，为了帮助女儿克服恐惧，父母鼓励小雨经常在众人面前说话，比如，参加社区的少儿才艺比赛，上课时要积极发言。说来也奇怪，过了一段时间后，小雨好像变得自信起来。而现在的小雨已经长大成人，已经在一家知名的文化单位找到了满意的工作，她始终是个特别自信、特别阳光、性格开朗、人缘关系好的女孩。

这里，我们看到了一个害羞的女孩在当众说话的过程中逐渐变得健谈、自信起来的经历。可能有些人会说，我一在众人面前说话就紧张，该怎么克服呢？对此，你可以从以下几点着手：

1. 坦然面对和接受自己的紧张

你应该想到自己的紧张是正常的，很多人在某种情境下可能比你更紧张。不要与这种不安的情绪对抗，而应体验它、接受它。要训练自己像局外人一样观察你害怕的心理，注意不要陷入到里边去，不要让这种情绪完全控制住你——“如果我感到紧张，那我确实就是紧张，但是我不能因为紧张而无所作为。”此刻你甚至可以选择和你的紧张心理对话，问自己为什么这样紧张，自己所担心的可能最坏的结果可能是怎样的，这样你就做到了正视并接受这种紧张的情绪，就能坦然从容地应对、有条不紊地做自己的该做的事情。

2. 积极暗示，进而淡化心理压力

你不妨以林肯、丘吉尔这些成功的演讲者为榜样——他们的第一次当众演讲都是因紧张而以失败告终的——并在心里作自我暗示：紧张心理的产生是必然的，也是不能避免的，我不该害怕，我只要做到认真说话，就一定能说好。抱着这样的心理，你的紧张心理会慢慢缓解下来。

3. 事先应作好充分准备

准备充分，自然能自信上场。也就是说，在你开口前，你要想好自己到底要表达什么、怎样才能表达好，作好这几方面的准备，就没什么可担心的了。

4. “漠视”听众，不必、不要患得患失

法拉第不仅是英国著名的物理学家和化学家，也是著名的演讲家。他在演讲方面取得的成功，曾使无数青年演讲者钦佩不已。当人们问及法拉第演讲成功的秘诀时，法拉第说：“他们（指听众）一无所知。”

当然，这里，法拉第并没有贬低和愚弄听众的意思。他说的这句话是要告诉我们，建立信心，才能成功表达。

事实上，可能很多人在当众演讲的时候，过多地考虑了听者的感受，害怕听者能听出自己的小失误。其实，你大可不必有这样的想法。因为，在说话时，谁都可能犯点小错误，没有谁会放在心上。再者，即使讲错了，只要你能随机应变，不动声色地及时调整，听者是听不出来的。何况，即使有人听了出来，也只会暗暗钦佩你的灵活机智，对你会有更高的评价。

演讲提示：

任何人，在演讲前，都要克服自己的恐惧，并学会一些消除恐惧的方法，只有这样，你才能不断消除表达时的恐惧，成为一个会说话、会表达的人。

合适的服装搭配，让你轻松上阵

我们都知道，一个人最先在无声中打动别人的办法是靠自己的形象。好的形象可以给人留下心情愉快的印象，见了第一面，期盼第二面，或者不反感见第二面。而较差的或者不适当的形象则会给别人留下再也不想见的印象。同样，演讲中，我们要想打动听众的心，就要注重自己的形象。而最为重要的是，听众的认可更能帮助我们减轻心理压力。

事实上，对于很多演讲者而言，他们在演讲前都会注重对自己形象的打造。当然，怎样穿出精气神是值得我们去细心体味和研究的问题。

小王与妻子出国后，很快与周围的这群外国朋友打成一片，因为他们善良、乐于助人。但他们第一次参加朋友们的派对，就出了一次丑。

那天是圣诞节，他和妻子因为一件小事刚吵过架，心情很不好，这时，电话响起来了，朋友邀请他们参加一个圣诞派对。他与妻子没多想，穿着T恤衫、牛仔裤就出发了，结果在踏进朋友家时看见大家都穿着得体优雅的小礼服，真的有一种找个地方躲起来的冲动。当朋友把这对中国夫妻介绍给自己的朋友时，他们表现出来的那副没精打采的样子，更是让这些朋友很沮丧。

事后，小王还专门打电话给这位朋友，为自己当天在派对上的失态而道歉。后来，小王夫妇专门找到一位形象设计师向其讨教，因为在他们的生活圈子中他们少不了要经常参加这样的场合。

随后，他们与家人一同前往新加坡，参加侄女的婚礼。回来后，小王对这位形象设计师说："婚礼上，我们受到了很好的礼遇，我觉得在很大程度上是因为我们穿对了衣服，让对方很好地感受到我们真诚、懂礼、有素养的一面，让国外的亲戚、朋友们留下了深刻的印象。"

这则案例中，小王夫妻前后两次给外国朋友的印象有如此巨大的反差，就在于他们赴宴时的不同装扮。第一次，他们因为夫妻吵架、心情不好，就穿了一身随意的衣服，为此，他们失态了。而第二次，在经过形象设计师的一番指导后，他们掌握了如何穿着才显得神采奕奕，正如小王说的："婚礼上，我们受到了很好的礼遇，我觉得在很大程度上是因为我们穿对了一身衣服，让对方很好地感受到我们真诚、懂礼、有素养的一面，让国外的亲戚、朋友们留下了深刻的印象。"

可能很多人认为穿着打扮是一个令人费神的问题，不知怎样穿着才能穿出品位、穿出神采。其实，要想穿出一身富有精气神的行头，也并非难事，对此，我们不妨从以下几个方面努力：

1. 并不需要大费周章

在演讲前，如果你有时间，最好细心打扮一下，但如果没时间再去从头到脚换一套盛装，你就要懂得在日常生活中注意自己的着装，以免手忙脚乱。譬如，西装外套是上等的高级质料，则只要更换下半身即可；女性最好能穿上能与之搭配的裙子。

2. 注意配饰的作用

有时候，一件小小的饰品也能为我们的服装起到画龙点睛的效果。当然，演讲时的饰品，还是不要过多，以免让听众眼花缭乱。

3. 让色彩帮助自己变得熠熠生辉

关于色彩，人们有一些错误观念，比如

（1）皮肤白的人穿什么都好看。其实每个人都有自己穿起来好看的颜色，也都有不适合的颜色，与皮肤的黑白没什么关系。

（2）穿黑色显瘦。绝对并非如此。要看你是属于哪一种色彩类型的人。

（3）艳色是俗气的。色彩本身没有好坏之分，但有选择与搭配的好与坏，不和谐的色彩无论艳或不艳都不美。

（4）只有相近似的颜色搭配在一起才好看。相近或相似仅仅是一种配色方法，其实还有许多配色原则。

（5）黑白是百搭色。黑白是很极端的颜色，想要在衣服上任意搭配出漂亮的效果不容易，不要什么都用黑白去凑合。

（6）对比色的搭配是土气的，如红色与绿色的搭配。对比不等于不和谐，如红与绿搭配得好坏要看它们属于什么调子的红与绿，还要考虑面积对比等因素。

树立以上这些理念并以此为穿衣搭配原则，演讲时，我们就能让自己神采奕奕地出场了。

演讲提示：

演讲场合，很多时候，演讲者的心态如何与听众的反应有很大关系，神采奕奕的一身装束，不但能吸引听众眼球，还能帮助我们减轻心理压力。

点缀饰品，张扬你的个性

日常生活中，我们总是会佩戴一些饰品。可能有些人会说，演讲场合的氛围多半是严肃的，适合佩戴饰品吗？当然！选择一些抢眼的饰品，不仅可以让自己更“亮眼”，还能增添我们的自信心。

的确，看似不经意的点缀，你独特的气质和品位已经被“点亮”。小饰品可见人的品位，日常生活中的服饰搭配是审美品位和生活质量的聚集点，所以，这些小东西的影响力不容忽视。

然而，首饰对于男人和女人的意义是不同的。对于男人，象征着身份；对于女人则是点缀，具有画龙点睛的作用。因此，佩戴首饰要和身份、气质及服装相协调，以彰显独特的审美品位和品质。反之，则会让人感觉到粗俗不堪。

有一次杨老师和丈夫一起参加了一个宴会，会上，她的丈夫突然对她说：“老婆，那位致辞的女士到底是昏（婚）了还是没昏（婚）？”

丈夫的话让她感到很诧异，她便看了看演讲台上说话的女士。这位女士打扮华丽，手上戴了四个戒指：四个戒指的材质不同、款式不同，看上去眼花缭乱。脖子上有一条白色的珍珠项链，耳朵上两个长长的耳坠是绿松石的……正看着，丈夫对她说：“我看她活脱脱就像一棵圣诞树。”此时，杨老师只好告诉她：“这只能代表她比较有钱。”

宴会上，为什么杨老师的丈夫会发出这样的疑问：“那位女士到底是昏（婚）了还是没昏（婚）？”因为这名女士戴的首饰种类和样式太多了，尤其是她的戒指。我们都知道，戒指是爱情的信物，按照国际惯例，戒指绝不能戴在大拇指上；如果戴在食指上，表示想结婚而尚未结婚；如果戒指戴在中指上，表示正处于热恋当中；如果戒指戴在无名指上，表示已经订婚或已经结婚；如果戒指戴在小指上，表示决心过独身生活，终身不嫁或终身不娶。但这位女士戴了四个戒指，难怪杨老师的先生会发出这样的疑问。

的确，演讲中，我们选戴首饰，也应该遵循一定的规矩。这里，我们需要了解：

1. 佩戴饰品的重要原则是适宜

佩戴饰品的重要原则之一是不影响你的身体部位的活动，因此，应当尽量避免选择过于耀眼的闪光饰品，而要选择有品位的、格调高雅而不张扬的饰品，这样才会衬托你的气质。

2. 佩戴饰品的种类不宜过多

若同时佩戴多种首饰，一般不超过两种，宴会上一般不超过三种，但是新娘可以例外。

如果同时佩戴两件或两件以上首饰，在色彩上力求同色，千万不要像上述那位女士一样，打扮得像一棵色彩斑斓的“圣诞树”。

如果同时佩戴两件或两件以上首饰，力求质地相同，比如，戴个铂金的戒指，可以戴相同质地的铂金项链。高档名贵饰物，尤其是珠宝饰品，多适用于隆重的社交饭局；否则，会让同行的其他赴宴者浮想联翩：“就你有钱？”

3. 佩戴饰品要精益求精

当然，这里所指的精益求精，并不是说佩戴的饰品价格越高越好，而是说要精致、有韵味，千万不要戴那些地摊上随便买来的饰品，否则往往会起到相反的效果。

4. 佩戴饰品要有自己的独特风格

假如你所在的办公室里的每个女人都佩戴着相似的饰品，那么，不仅没有起到装饰的效果，反而显得千篇一律，毫无个性可言。

有时候，你即使佩戴一条自己手工制作的廉价手链，也比全身披金挂银来得好。由此可见，佩戴饰品贵在别出心裁，贵在与自己的气质浑然天成。

演讲提示：

无论我们选择什么首饰，首饰之类终究不过是个点缀作用，佩戴得好了，可以提升自己的品位和自信，让他人一下子记住你；若不恰当，便显庸俗。这里讲究的是精妙典雅。

享受过程，别太注重演讲结果

生活中的人们，不知你是否有这样的体会：失眠的晚上，越想睡觉，却越发睡不着，越是想克制自己不去想任何事情，却越无法停止思考；骑车在路上行走，看到前面有棵树，你告诉自己一定要绕过去，但还是莫名其妙地撞上去了；电影里，一人用刀挟制另外一个人，被挟制的人告诉自己一定不会受伤，但潜意识里已经将注意力放到刀子上了，然后，悲剧真的发生了……同样的情况发生也在那些戒烟瘾和戒网瘾的人身上，越是压抑，越容易被反噬！

心理学上有一种“瓦伦达心态”。瓦伦达是美国一个著名的高空走钢丝表演者，在一次重大的表演中，不幸失足身亡。事后，他的妻子说：“我知道这次一定要出事，因为他上场前总是不停地说，这次太重要了，不能失败，绝不能失败；而以前每次成功的表演，他只想着走钢丝这件事本身，从不去管这件事可能带来的一切。”

心理学家也说，瓦伦达太想成功了，太专注于事情本身了，太患得患失了。后来，人们把这种心态叫作“瓦伦达心态”。

美国斯坦福大学的一项研究也表明，人大脑里的某一图像会像实际情况那样刺激人的神经系统。比如，当一个高尔夫球手击球前一再告诉自己“不要把球打进水里”时，他的大脑里往往就会出现“球掉进水里”的情景，而结果往往事与愿违，这时球大多都会掉进水里。

我们每一个人几乎都有过这样的经历，我们越是专注于某一件事情，越是很难做好。而许多感觉实在难以完成的任务，心里不去想了，以听之任之的心态去对待，往往却又轻而易举地做好了。

同样，演讲过程中，我们也只有克服这种患得患失的心态，看淡结果，才能减少或者消除紧张感。

面对在众人面前演讲这一事实，一些人会紧张得不得了："我们研发部门花了半年的心血研究的产品，要是我给介绍砸了就全完了，怎么对得起他们呀！"事实上，你要明白的是，你可以掌握自己努力的程度，却把握不了最终成绩。患得患失，只会给自己制造遭受挫折的条件。

我们经常听到一句话叫"这件事具有重大的现实意义和深远的历史意义"，用来形容我们做的事有很重要的意义。我国的"嫦娥"卫星发回第一张月球照片时，我看电视报道时就听到了这句话，评论嫦娥工程意义重大而深远。这件事确实意义重大，但我们的发言、讲话有那么大意义吗？很多情况往往只是走个过场。所以，下次你觉得你讲话的意义非常重大时，和"嫦娥"工程比一比，想想，你的讲话有那么大的现实意义和深远的历史意义吗？因此，第一点，要客观评价你讲话的作用与意义，把结果看轻而不是盲目放大。

那么，演讲过程中，我们该怎样克服患得患失的心态呢？

1. 摘掉假面具，承认自己的紧张

我们越是想获得演讲成功，越是焦虑。此时，克服的方法是让紧张情绪反过来帮你的忙。心理学家称其为"积极性重构"，即以不同观点来看问题——是从好处看，而不是从坏处看。当你对自己有信心，又具有表达自己感受的勇气时，你就能把自己的焦虑减轻，使之化为力量，从而坚强起来。比如，当你准备开口时，如果你感到紧张，你也可以向听众袒露自己的心态，这样，不但听众会被你的坦诚打动，你的紧张感也会得到排解。如果掩饰自己的感受，只会使气氛更紧张，并且使你看起来很虚伪。

2. 专注演讲本身，淡化焦虑

如果太注重成功或失败，结果往往会失败。只要你注重演讲本身的特点及规律，专心致志地讲好话，你就会收到意想不到的效果。

当你能够克服“瓦伦达心态”，以一种闲庭信步的心态面对演讲，你就是一个随心所欲、能控制自己紧张情绪的人了。

演讲提示：

考虑后果、患得患失的“瓦伦达心态”只会让人紧张加剧。演讲中，关注过度，就会把结果看得太重，做事就会受到影响。要想克服紧张，首先要看淡结果。

靠心态演讲，你需要一点阿Q精神

相信任何一个有过演讲经历的人都为如何减少紧张感而头疼：演讲前即便材料准备充足、演讲稿毫无漏洞甚至还预讲过很多次，但一开口，还是会紧张，甚至张口结舌，不知从何说起。对此，你不必恐惧，因为这是正常的心理。

所谓紧张感，就是指一个人与长辈尊者、陌生人见面，特别是与异性初次见面，或者在人多的场合发言时，所表现出来的不安的、慌乱的感觉，或者说怯场。怯场一般是由于情绪过分紧张所致。在紧张情绪状态下，人的大脑皮层中形成了优势兴奋中心，以致使保持记忆中枢的内容处于被抑制状态，具体表现为回忆不起熟悉的知识。怯场心理属于一种情境焦虑。

这种紧张的表现因人而异，一般表现为脸红、手脚无措、声音颤抖、流汗等现象，严重者还会无法开口说话或者晕倒。

各种不同的学科专家有不同的观点。有人认为紧张是人们保护自己、提高自己声望而产生的一种行为的反抗态度；也有人认为紧张与个人气质、性格和情绪有关；还有人认为这是一种恐惧情绪。

卡耐基提出：只有一个人能够治疗你的恐惧和紧张，那就是你自己。我不知道还有什么办法比“忘我”更好。当你感到害羞、胆怯、不安时，立刻把心思放在别的事上，忘记自己，人脑是不可以同时思考两件事的。

那么，如何忘记自己呢？其实很简单，其中一个重要的方法就是抱持“居高临下”的心态。举个简单的例子，老师在学生面前、父母在子女面前、领导在下属面前，都是有一种心理优越感的，他们在说话的时候，常常会俯视对方，把自己当成主导者，因此少了很多紧张感。

因此，所有演讲大师都建议：演讲前，如果你感到紧张，那么，不妨学学阿Q，来点精神胜利法，采取居高临下的心态。

我们不妨先来看下面的故事：

田甜刚上大一，她是全年级学习成绩最好的学生，学校希望她能作为学生代表为大一新生作一次演讲。田甜在收到这个通知后，烦恼了很多天，因为她从来没有在众人面前说过话，从前那些公共场合的表演，她也都是能推就推了。

这天晚上，田甜准备在网上找一些资料组织演讲内容，巧的是，她遇到了大自己一届的学姐，学姐也是“学霸级人物”，田甜心想，可以问学姐一些关于演讲的问题。

切入正题后，田甜问：“学姐，我听说你以前也经常在全校师生面前演讲，你不紧张吗？”

“紧张啊，在所难免的。”

“那你是怎么克服的呢？我下周也要进行一次演讲，现在还处于担惊受怕中。”

“其实不用害怕，我有个方法，是我从那些演讲大师那儿学来的。你走上演讲台后，可以暗示自己，台下这些人都欠了你的钱，用一种俯视一切的心理，就没有什么好怕的了。实在不行，你可以把台下的人都当成空气，假设他们不存在，那还有什么好担心的呢？”

“学姐，你说得对，这应该是个不错的方法。”

按照学姐的方法，演讲时，田甜发现自己真的不是那么紧张了。当演讲结束，她听到一阵阵掌声时，她知道自己人生的第一次演讲成功了。

很多的演讲者，尤其是初次演讲者，可能都有故事中田甜的这种担忧，害怕自己讲不好话，演讲时紧张得甚至说不出来话等。其实，面对这种情况，你可以采取和田甜一样的方法，以“居高临下”的心态对待听众，这样一来，恐惧感将消失无踪。

具体说来，你可以选用以下两种方法：

1. 有点阿Q精神，漠视听众

这里，不是说我们要目空一切、看不起听众，而是让我们学会站在更好的心理位置去掌控自己的紧张心理。

2. 当一个神气的债主

对于消除紧张心理，戴尔·卡耐基先生最有经验，而在他的众多经验中，最基本的经验就是：“你要假设听众都欠你的钱，正要求你多宽限几天；你是神气的债主，根本不用怕他们。”把身体站直，然后开始信心十足地讲话吧！好似他们每个人都欠你的钱，你在催他们还债，假想他们聚在那儿是要求你宽限还债的时间。这种心理作用对我们大有帮助。

演讲提示：

无论是身经百战的演讲大师还是最初面临听众的新人，我们总会经历到一些恐惧、一些心理震荡、一些精神上的紧张，这是正常的。只要你能占据心理优势地位，所有思想顾虑都会一扫而光。

始终保持一种积极的心态

现实的演讲中，有些演讲者面对即将到来的演讲，感觉就像如临大敌，心惊胆战，有着这样那样的担心。比如，在演讲过程中总是设想自己会犯语法错误，或总担心自己讲着讲着会突然地停顿下来、讲不下去了，这就是一种反面的假想，它很可能会抹杀我们对演讲的信心。这就是人们常说的“演讲恐惧症”，属于恐惧症的一种。其实，我们对某一件事情越是过分注重，就越容易焦虑和紧张，表现在行为之上就是越放不开手脚，反映在身体之上就是心跳加快、手脚发抖、说话磕巴，大脑空白等。其实，有这些身心表现都是很正常的。面对这种情况，我们可以使用积极自我暗示的方法。暗示对人的心理影响是极大的，我们都能看到，人在不良的心理状态下发挥是不正常的。

美国人力资源开发专家斯普林格在其所著的《激励的神话》一书中写道：“人生中重要的事情不是感到惬意，而是感到充沛的活力。”“强烈的自我激励是成功的先决条件。”心理学家认为，内控的人认为自己可以掌握一切，外控的人认为自己事事受制于人。

当然，要作好自我暗示，保持积极的情绪体验，还需要我们在日常生活中就积累自信心。如果你是个自信心不足的人，你可以掌握以下几个自我练习的方法：

1. 昂首挺胸，快步行走

许多心理学家认为，人们行走的姿势、步伐与其心理状态有一定关系。懒散的姿势、缓慢的步伐是情绪低落的表现，是对自己、对工作以及对别人不愉快感受的反映。步伐轻快敏捷，身姿昂首挺胸，会给人带来明朗的心境，会使自卑逃遁，自信滋生。

2. 养成大声说话的习惯

在开会发言时，要注意提高你的音量，养成大声说话的习惯。科学的对比实验的解释是，大声说话能解除压抑，提高自信——能调动全部潜能，包括那些受到压抑的潜能，同时也能使你的胆量在大声说话中得到扩张，那么你的发言也就挥洒自如了。

3. 学会微笑

我们都知道笑能给人自信，它是医治信心不足的良药。如果你真诚地向一个人展颜微笑，他就会对你产生好感，这种好感足以使你充满自信。

正如一首诗所说：“微笑是疲倦者的休息，沮丧者的白天，悲伤者的阳光，大自然的最佳营养。”

4. 公共场合挑前面的位子坐

你是否注意到，无论在教学或教室的各种聚会中，后排的座位是怎么先被坐满的？大部分占据后排座的人，都希望自己不会“太显眼”。而他们怕受人注目的原因就是缺乏信心。

坐在前面能建立信心。把它当作一个小技巧试试看，从现在开始就尽量往前坐。当然，坐前面会比较显眼，但要记住，有关成功的一切都是显眼的。

5. 找到放松自己的小窍门

有的人当众讲话，觉得十分痛苦；自我介绍时，会十分紧张。他不敢去接触别人；如果别人稍稍接近他，他就立即躲避起来。像这种人，如何才能克服他的扭捏呢？可以用假按摩、真放松的方法：大家先围成一圈，然后每个人闭起眼睛，把双手放在前面一人的肩上，慢慢地替他按摩，由肩移至腋下，然后再一次由肩按摩起，直到你想象自己的腋下被人搔得想笑。当你因为想笑而放松了自己，你自然就不会再害羞了。

6. 以自己的方式追求自我

每个人都应该活出自我，你不应该人云亦云，不应该盲目跟风，更不应该唯唯诺诺。尊重自己内心的想法，做自己喜欢的事，你会慢慢变得自信起来。

当然，当你成为一个自信的人后，在演讲时，如果你还有紧张感，你可以进行语言暗示，如说一些“我一定可以做得很好”“我一定可以超常发挥”等肯定自己的短句。

演讲提示：

一个自信的人常看到事情的光明面，能尊重自己的价值，同时也尊重他人的价值。要做到演讲时减少紧张感，需要在平时的生活里就培养自信心，比如，在平时练习休息之余多和自己交谈，不断地强化一种必胜的信心与信念。时间长了，你会发现这种良好的积极心态已经成为自己的一种思维习惯。

第 / 3 / 章

演讲力量，嗓音动人的秘密

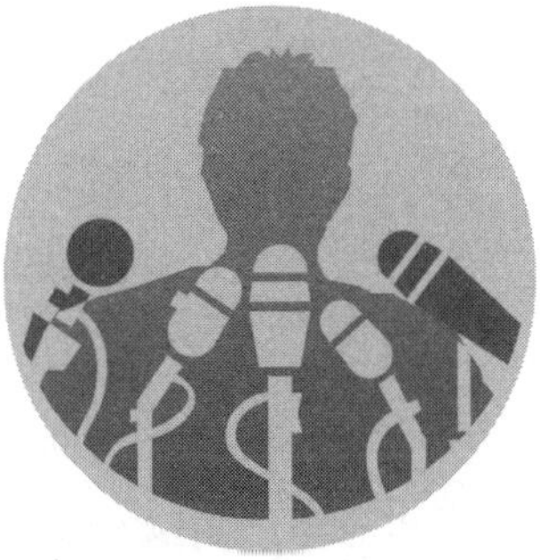

演讲是一门语言艺术，它的主要形式是“讲”，即良好演讲效果的获得，不仅要我们做到平时语言知识的积累，还要我们把握一些演讲技巧，这包括如何把握演讲的语调、节奏、语速，如何通过丰富的眼神和表情以及身体动作来提高自己演讲的表现力。可以说，要成为一个有实力的演讲家，必定要同时兼备超凡脱俗的智慧、有深刻广博的思想内容和完美的演讲技巧！

声音洪亮，震撼全场

语言是最重要的交际工具，而一个人的说话风格也能反映他的魅力和性格特点。现代社会，很多人参与人际交流时都代表了一定团体的利益，也就免不了面对众人的语言交际活动，这其中就包括演讲。任何一个成功的交际者，都具备出色的演讲能力，这也是其口才的重要显现。

演讲，是指在公众场所，以有声语言为主要手段，以体态语言为辅助手段，针对某个具体问题，鲜明、完整地发表自己的见解和主张，阐明事理或抒发情感，进行宣传鼓动的一种语言交际活动。所以，构成演讲的一大要素就是面对众人说话。而衡量一个人演讲是否到位，关键还在于其心理素质是否过硬，也就是自信与否，展现在听众面前的一个重要方面就是说话声音，估计任何出色的演讲者都有过这样的经验：在初次演讲时，会因为紧张而不敢大声说话，甚至说话语无伦次。这些人之所以能成功，并不是因为他们在多次的演讲中都能消除紧张，而是因为他们善于把紧张的程度控制在最小的范围之内。试想，如果一个人连基本的心理调节都不能做到，又谈何说服听众呢?

可见，一个人要做到演讲时掷地有声，就要自信满满、底气十足。

同样，生活中的人们，在演讲中出现一些负面心理也是在所难免的，但如果你能在演讲中作好心理调节，做到“目中无人，心中有人”，把注意力集中到演讲的要点上，就能在把握自信、自我放松的同时，以洪亮的声音吸引听众、赢得听众。

一般来说，一个人音色是否洪亮，是由两个要素决定的：

1. 音量

音量是指声音的强弱、大小。一些人在与人说话的时候，控制不好自己的音量，造成了两种极端。一种是音量过大，既会造成身体消耗大，又不能恰当地表明自己的含义；另一种是音量太小，是一种不自信的表现，也不容易让听者听清含义。

正是因为有以上两种情况的出现，所以音量的把握也需要一定的训练，在训练的过程中要注意几点：

无论你处于什么样的场合下，音量都要适中。

要遵循一个原则，讲话时要让听众毫不费力地听清，因此，如果空间大、人数多，可适当提高你的音量。

要根据说话的氛围和情感基调来确定你的音量。

根据朗诵内容的长短来确定音量的大小：朗诵内容较短，一般来说，音量可以稍大；如果内容较长，一般来说，音量可以稍小。这样做的好处是保护自己的嗓子，因为长时间大声说话会使嗓音嘶哑。

2. 音高

在了解音高这一含义之前，需要先了解音域，它指的是某一乐器或人声所能发出的最低音到最高音之间的范围。音高，则是指人讲话时所使用的音域。

人的发声体是声带，每个人的声带条件是不同的，因此，发音技巧不同，音域不同，音高也就不同。

但需要注意的是，每个人的音高也是可以把握好的，尤其是在起音的时候，不应太高或者太低，起音太高或太低，会给后面的朗诵带来困难，或者高得朗诵不下去，或者低得听不清楚。一旦不小心出现了起音偏高或偏低，则应及时进行调整。

总之，说话时，让震动在口腔、鼻腔甚至胸腔得到共鸣、放大，自己的声音才会饱满、圆润、高扬。

演讲提示：

对于演讲者来说，自信心尤为重要，而演讲者的自信一般体现在说话的音量上。一个说话掷地有声、不卑不亢的人，才能清晰、准确地传达出自己的观点，才能让听众接受。

神采奕奕，注重眼神交流

人际交流过程中，眼睛是仅次于语言的重要工具。人与人之间除了需要语言的交流，眼神的交流也是必不可少的。在人类的面部表情中，眼神是最为微妙复杂的，不管是用眼神表达信息，还是准确地理解别人的眼神所表达出来的信息，都非常困难。

心理学研究表明：人感觉印象的77%来自眼睛，14%来自耳朵，视觉印象在头脑中保持的时间也超过其他器官。英国有一句古老的格言说："你说话内容的有无并不重要，重要的是你的表达方式。"有的心理学家认为：无声语言所显示的意义要比有声语言丰富得多，而且深刻得多。由此可见体态语言有多么重要。像演讲这样短而集中的情感表达，怎么可能少得了体态、姿势、表情等体态语言的参与呢？

美国第40任总统里根出身演员，拥有高超的表演技巧，每次演讲都能充分运用目光语言。他的眼睛有时像聚光灯，把目光聚集到全场的某一点上；有时则像探照灯，目光扫遍全场。因此有人评价他的目光语言是一台"征服一切的戏"。

可见，演讲的确需要懂得一定的表演艺术，否则你便不能自然从容、潇洒大方地走上讲台。即使走到台前，也不知道怎样才能站得挺拔潇洒，让人看着舒服。也许你还会感到别扭，不知道手该往哪儿放、眼该往哪儿看，以及怎样配合自己的声音做表情、打手势。

那么，该如何在演讲中使用肢体语言呢？

1. 尽量看着听众说话

看着听众说话的好处在于：能使听众看到你的目光，看到你内心的真情实感。一个优秀的演讲者，无论是脱稿演讲还是不脱稿演讲，都不忘和听众进行眼神交流。而实际上，一些演讲者，在演讲的时候，或为了显示自己的领导地位，或因紧张所致，他们或仰视天棚，或俯视地板，或左顾右盼、东张西望，躲避听众的目光，显得很不庄重，也很不礼貌。

当然，看着听众说话，并不是说你要一味地直视或者眼睛滴溜溜乱转，你应该将两眼略向下平视，目光自然、亲切、专注，以吸引听众的注意力。

而如果你是一个初次登台的演讲者，在众人的眼神压力下，你可能会感到不安，不敢看听众递来的眼光，那么你可以用目光虚视法，即眼看着台下听众，却不把眼光停留在具体的人身上，做到“眼中无听众，心中有听众”。千万别因为紧张便不看听众，这样更会暴露你的紧张。

2. 多和听众的目光构成实质性的接触

看着听众说话，有扫视和凝视两种。在演讲之初，或演讲之中，不妨有几次遍及全场的扫视，但绝大多数时间都应该凝视，这也就是实质性眼神接触。这样做，演讲者不仅能在无形中加深与听众间的关系，而且可以通过察言观色于细微处接收到听者的信息反馈，掌握听众的表情和心理变化，以便随时调节演讲的内容，改善演讲的方法。

3. 眼神的运用应丰富多彩

眼神的传递，旨在与听众交流情感，进行有效的信息传播。但不同的演讲内容、不同的演讲受众、不同的场景等，所要传达的眼神是不同的，眼神的运用也应是丰富多彩的。如果演讲者总是一种无动于衷的眼神，就会给听众一种麻木、呆滞的感情，那就无法使听众“提神”“凝思”。

演讲提示：

演讲中，我们与听众的眼神交流非常重要。很多时候，眼神是无法掩饰的，因为它往往能更真实地表达出一个人的品质、修养以及心理状态。演讲时，如果你能在你的眼神中注入情感，听众将更易被你感染。

面带表情，极具亲和力

拿破仑·希尔曾这样说："真诚的微笑，其效用如同神奇的按钮，能立即接通他人友善的感情，因为它在告诉对方：我喜欢你，我愿意做你的朋友。同时也在说：我认为你也会喜欢我的。"很多成功者也都指出，微笑是与人交流的最好方式，也是个人礼仪的最佳体现。因此，在演讲的过程中，你若希望给听众留下一个好印象，就一定要学会露出受人欢迎的微笑。因为，在这个世界上，没有什么东西比一个灿烂的微笑更能提升你的个人魅力、更能打动人心的了。

不妨想象一下，当你登上高高的讲台，本身就与听者形成了一定的距离，而此时，如果你再以一副高姿态演讲、板着脸孔，一副拒人于千里之外的神情，此时，哪怕你的演讲很不错，你也很难赢得听众的喜欢了。

要知道，谁都愿见着一个笑脸。雨果有句名言：微笑就是阳光，它能消除人生脸上的冬色。微笑能给听众留下美好、宽厚、平和等好印象，微笑能缩短你和听众距离。卡耐基也说，笑容能照亮所有看到它的人，像穿过乌云的太阳，带给人们温暖。

因此，在演讲之前，你不妨先酝酿一下感情，然后对听众报以友好真诚的一笑。实践证明，这是一个简单有效的技巧。

可能你会产生疑问，天生木讷的人，该怎样学会微笑呢？而且，人是复杂的感情动物，都会或多或少受自己情绪的左右。对此，我们不妨从以下几个方面努力：

1. 生活中多加练习，养成微笑的习惯

心理学家告诉我们，外部的体验越深刻，内心的感受越丰富。也就是说，有了外部的"笑容"也就有了内心的"欣喜"。每天晚上对镜中的"你"笑上几分钟，然后含笑而眠；早上起来，心中默念"嘴角翘，笑笑笑”，你会发现，因为有了笑容，也就有了好心情。

原一平是日本著名的推销员，在他成功的推销生涯中，微笑起到了不可代替的作用。为了练习微笑，进而使自己的微笑看起来更自然，他经常这样做：他假设各种场合与心理，自己面对着镜子，练习各种微笑。因为笑容只有从心出发，然后贯穿全身，才能感染他人，所以他买来一个全身镜，一闲下来就对着镜子练习。根据多次的练习，他发现，嘴唇的闭与合，眉毛的上扬与下垂，皱纹的伸与缩，种种表情的“笑”都表达出不同的含意，甚至于双手的起落与两腿的进退都会影响“笑”的效果。

西方也有一位心理学家做过微笑训练的实验，要求受试者每天坚持对人微笑，实验结果令人吃惊。一个月后，有人感激地说：“我原本不爱笑，但从实验开始我每天坚持微笑，我在家庭中和工作中得到的快乐，比过去一年中得到的还多。现在我已养成微笑的习惯，而且我发现人人对我微笑，以前对我冷若冰霜的人现在也显得热情起来……”

2. 摆正心态，微笑要发自内心

一个友好、真挚、楚楚动人的微笑，必将会散发出无穷的魅力。然而，只有真诚的微笑才能透出宽容、善意、温柔和自信。

现实中有许多人不爱笑。为什么？是因为他们天生不会笑吗？不是！很多时候因为他们的自我意识太强。由于这种人自我意识太强，一紧张就不容易笑出来；即使笑出来也很勉强，脸部肌肉显得非常僵硬，有时这种笑比哭还难看。

所以，如果你脸上实在笑不出来，那就用你的眼睛去笑。虽然眼睛里的笑没有脸上的笑容那样好看，但毕竟也是发自内心的，客户也能感受得到。你也可以学习作家李佩甫的中篇小说《学习微笑》中提到的一个方法：“在一些场合，在一些不想笑又必须微笑的场合，你就微微把嘴张开，露三分之一牙，注意是三分之一牙，这样你就会带出一些笑意。”

总之，微笑就像三春的阳光，能融化堆积在人们心灵之间的冰雪，改变听众的心情，制造出演讲中的和谐气氛。演讲中，如果你能对听众报以微笑，就会让听众被你的善意和热情所打动，久而久之，他们也会对你回以微笑。

演讲提示：

当我们对他人微笑时，传递的是友好、渴望沟通的信息，对于对方来说，自然也能感受到你的暗示，因此，他们通常都会同样以微笑来回答你。

声情并茂，语气自然流露情感

语气是实现语言主体对象化的重要手段之一，表示说话人对某一行为或事情的看法和态度，它是思想感情运动状态支配下语句的声音形式。因此，在演讲的时候，我们应该将语气拿捏到位，如此才能准确表露自己内心的情感。

在很多时候，语气常常能反映一个人的内心，而且，一个人的语气往往是随着其说话对象而变化的。更为重要的是，语气还可以表达明确的情感信息，有关资料显示，语气在表意方面往往会产生意蕴言外的特殊功效。在日常工作中，不少人往往能通过语言准确地表达自己的情感，这通常与其采用的语气息息相关。

文学大师郭沫若曾创作过一部历史剧《屈原》，抗日战争时期，郭沫若先生曾在台下看《屈原》的演出。

台上，婵娟痛斥宋玉："宋玉，我特别恨你，你辜负了先生的教训，你是没有骨气的文人！"

郭老听后，感到"你是没有骨气的文人"这句话骂得还不够分量，就走到后台去找扮演"婵娟"的演员商量："你看，在'没有骨气的'后面加上'无耻的'三个字，是不是分量会重些？"这时，正在一旁化垂钓者妆的演员张逸生，灵机一动，插了话：“不如把‘你是’改为‘你这’，‘你这没有骨气的文人’，这就够味了。”郭老拍手叫绝，连称：“好！好！”

只不过是一字之改，就使原来的陈述句变成了态度坚决的判断句，同时，使语言形成了强烈的感情色彩，语气也更加有力，婵娟的愤怒之情溢于言表，这样的语言也更容易激发观众的憎恨情绪、达到触动观众内心的目的。一个人在面对不同的对象时，能够恰当地使用相应的语气，才能够准确地表达自己的真实心理，继而有效地影响他人心理。

语气包含思想感情、声音形式这两方面的内容，因此，我们可以把语气理解为具体思想感情支配下的语句的声音形式。其具体包含了三个要点：一是语气以内心感情的色彩和分量为灵魂、为神；二是语气以具体的声音形式为躯体、为形；三是语气存在于一个个具有语境的语句当中。

如果说语音是语言的物质外壳，那么语气就是表达所必须依据的支持物。每个人在讲话的时候，都离不开语气。语气对于演讲来说，尤为重要，因为恰到好处的语气能帮我们更准确地表达出自己的思想感情。

通常情况下，在语言表达过程中，我们的语气能够直接反映我们的情绪和精神状态。只有语气拿捏到位，才能彰显出语言应有的表现力。比如，使用喜悦的语气，则表明本人心中的喜悦之情；使用愤怒的语气，则会反映出自己内心的愤怒之意；使用生硬的语气，则表明其本人内心有某种不悦之感；使用埋怨的语气，则表明当事人心中有着满腹牢骚。由此可见，很多时候，语气会在无意之中泄露讲话者心中的秘密。换个角度，我们在讲话的时候，如果能够将语气拿捏到位，岂不是能更准确地表达自己的真实情感了？

那么，演讲中，我们该运用怎样的语气说话呢？

1. 鼓励语气

这是与很多人参与演讲的目的相吻合的，比如，鼓励听众去采取某种行动，给听众鼓励和期望，更易触动其内心。

2. 信任语气

每个人都希望得到别人的信任，如果你在说话时表现出充分的信任那么这时候语气就能起到语言难以表达的作用。比如，你可以这样鼓励听众："你一定可以成功的。"这就给了听众一份自信。而这种肯定的语气也能将你的真实情感传达给听众。

3. 赞赏语气

在你的演讲语言里加入肯定和赞许，更易让听众认可你。

4. 商量的语气

你是演讲者，站在众人面前，并不代表你可以命令听众去做什么，如果你传达出来的信息是冰冷、居高临下的，就会伤害对方的自尊心，而你也不会得到听众的支持。

5. 尊重的语气

每个人都渴望被尊重，因此，我们在进行语言表达的时候，应该尽量使用尊重的语气。

演讲提示：

我们在演讲的过程中，不但要注重遣词造句，还需要考虑用怎样的语气表达，这样的说话才准确、鲜明、生动，更容易获得听众的支持。

抑扬顿挫，给听众留下深刻印象

人们常说，语调是语言表达的第二张"王牌"，是口语表达的重要手段，它能很好地辅助语言表情达意。什么是语调？语调，就是说话的腔调。从严格定义上说，语调应表述为整句话和整句话中某个语言片段在语音上的抑扬顿挫，包括全句或句中某一片段声音的高低变化，说话的快慢（音的长短和停顿）以及轻重等。在演讲中，语调往往比语义能传递更多的信息，能对听众的心理产生极其微妙的特殊作用，因此也更为重要。

如果演讲者的语调从头到尾都是平的，听众就会觉得很枯燥。就像听歌，如果一首歌曲的旋律非常优美，抑扬顿挫，大家就会觉得好听；如果从头到尾都是一个调子，人们就没有听的兴趣了。演讲也是如此，如果你的语调一直都像亡者心电图中的那条直线没有任何波动，那么听话人的兴趣也就到了尽头。

在波兰，有位被人称为摩契斯卡夫人的女明星。

有一次，她到美国参加演出，台下的观众兴致高涨，希望她能用波兰语讲台词，听到观众的邀请，她站起来，开始用“流畅”的波兰语念出台词。观众们虽然根本听不懂波兰语，却听得很认真，也非常愉快。

摩契斯卡夫人接着往下念，随着台词中情节的变化，她的语调渐渐转为低沉，最后在慷慨激昂、悲怆万分时戛然而止。顿时，台下的观众鸦雀无声，同她一起沉浸在悲伤之中。而这时，台下传来一个男人的笑声，他就是摩契斯卡夫人的丈夫——波兰的摩契斯卡伯爵，因为他的夫人刚刚用波兰语背诵的是九九乘法表！

从这个故事中我们可以看出，语调竟然有如此魅力。如果你能巧妙地利用语调，即使听众不明白你演讲的具体含义，你也可以使之感动，甚至可以完全控制对方的情绪。

对于演讲者来说，只有把你的话说到听众心中，才能达到良好的演讲效果。同样一句话，由于语调轻重、高低长短、急缓等的不同变化，在不同的语境里可以表达出种种不同的思想感情。一般来讲，表达坚定、果敢、豪迈、愤怒的思想感情时，语气急骤，声音较重；表达幸福、温暖、体贴、欣慰的思想感情时，语气舒缓，声音较轻；表示优雅、庄重、满足时，语调前后较弱中间强。只有这样，才能绘声绘色，传情达意。

一个高明的演讲者，是能准确把握各种语调的变化，并能巧妙地加以运用的。我们在演讲时，如果只是抓住了字词的表面意义，那么只是用“借来的字词”在传达而已，并不能起到感染听众的作用，为此，我们应该把这些字词的意义充分地表达出来，并且加上对它们的爱，这样的表达才是完整的，我们的感情才能充分地表露出来。那么，怎样才能使语调生动有趣呢？

1. 掌握富有特色的各种句调

一句话之所以富有表现力，是因为它富于变化性——高低不同，快慢不一。而声音的高低取决于声带的松紧，声带拉紧，声音就变高；声带放松，声音就变低。声带的松紧是可以控制的，因此，声音的高低也是可以改变的。由此，便有了句调的概念，一句话声音的高低变化叫作句调。句调是语调中主要的内容。句调可分升调、降调、曲调、平调四种。升、降、曲、平四调，各具特色。只有掌握了句调的特点，才能灵活地表达出各种句调。

因此，我们演讲时，要使我们的话如同音乐一样动听，就要注意快慢高低。比如，在表示有疑问的时候，你可以稍微提高句尾的声音；要强调的时候，声音的起伏可以更大些；要表现强烈的感情时，可以把调子降低或逐渐提高。

2. 让你的语调抑扬顿挫

语调越多样化，越生动活泼，其吸引力就越大。分寸感是语调正确的首要条件。每句话都可以用不同的语调来说，但不同的语调给对方的信息刺激也是不同的。这一点，我们在演讲过程中也尤其要注意，比如，同样一句话，由于语调不一，就可能给人不同的理解，文明的语言也可能被理解为不尊敬对方的信息。

总之，演讲时，绝对不要使你的语气单调，因为音阶的变化会加强你的说服力。你的热情会在音阶的变化中展现，并且能够感染听者，从而产生说服的力量！

演讲提示：

一个人说话时给人的印象，肢体动作占55%，语调占38%，内容只占7%。所以，说话时语调非常重要。对于说服力要求更高的演讲，语调更应该引起演讲者的重视。

情感饱满，更容易打动听众

演讲者发表演讲的目的，就是吸引、说服、鼓动、感召听众，也只有能引起听众共鸣的演讲，才是成功的演讲，这一点，也是演讲者最关注的问题。而如何引起听众的共鸣呢？关于这一点，我们通过观察可以发现，很多成功的演讲家，大都是富有活力和精神抖擞的人，他们更善于从听众的角度说话，把听众内心的情绪激发出来。因为人们都有这样的心理，在与人交谈的过程中，如果对方能感同身受，人们是愿意接纳对方的。因此，作为演讲者，如果你想你的话能发生效力，且非要将你的话一吐为快，你在演讲的时候就不应该仅仅是报告一些事实，还要把自己的情感注入你的演讲中，并站在听众的角度说话，只有真情实感才能打动听众。

印度前总理英迪拉·甘地夫人本是个言辞不多的人，早年她有过一次演说的经历。

在那次会上，会议主持人突然请甘地夫人为大家讲话，这使得她慌张失措，因为原本的她只是在一次童年时代的集会上讲过话，这种大型的演讲，她从来没参加过。她当时完全吓到了，甚至不知道说什么好，她清楚地记得当时台下有个醉汉对她嚷嚷，“她不是在讲话，她是在尖叫。”听他这么一说，听众当然哄堂大笑。

谈到那次的经历，甘地夫人很懊恼地说：“那次演讲后，我发誓以后再也不在公众面前讲话了。”

但事后不久，甘地夫人进行了一次很出色的演说。

这场演说在非洲，演讲之前，甘地夫人对工作人员说：“噢，不行，我一句话也不准备讲，只有依了我这个条件，我才赴会。”

他们很吃惊，不知道甘地夫人要做什么，而同时，一切已经就绪，礼堂也准备好了，最后，他们对甘地夫人说：“不管怎么样，你总得坐在讲台上。”他们还表示会设法为甘地夫人的保持沉默作些解释。

据甘地夫人自己回忆说：“那天的招待会在下午4点举行，整个上午我都在访问非洲铁路工人的生活区，那里的条件真是糟糕透顶，使我非常生气。招待会上，当宣布尼赫鲁小姐不讲话了的时候，我拍了一下桌子说：‘我倒要讲讲。’”

甘地夫人这番话，让会议主席大吃一惊，愣住了，还没等他开口，甘地夫人已经站起来走到话筒面前，然后激动万分地讲起了班图人和其他人的生活条件。“我的讲话在非洲报纸上刊登了出来。第二天，无论我走到哪里，都受到人群的欢呼。女的过来吻我，男的同我握手……”

甘地夫人的这次演讲是很成功的，她成功演说的诀窍不在于她的口才，甚至可以说，她是个不善言辞的人，是她的感情为她迎来了掌声。正义的甘地夫人在访问了铁路工人的生活区后，情绪上产生了很大的变化，正是因为如此，她在发表演讲的时候，言语间代表的便是铁路工人的利益，她是为他们说话的，本来没有很好的说话能力的她，这回却得到了人民群众的拥护。

演讲中，如果一个人丝毫不顾及听众的感受，只是对自己关心的问题侃侃而言，那么，自然很难流露出自己的热情和激情，也就无法打动听众。反之，如果他能切身考虑到听众的利益，说听众想听的话，那么，此时登台，必会取得意想不到的结果。

那么，怎样才能做到这一点呢？

1. 坦露心声，真情动人

俗话说：言为心声。在演讲中，如果演讲者的话是出自内心、发自肺腑，有自己的真情实感，那么，听众的情感之弦就更加容易被拨动，演讲者和听众的共鸣就会更强烈，听众也就更加容易接受演讲者所表达的观点。

2. 适时评述，激情动人

激情，是情感的瞬时爆发，是最能够打动听众、征服听众的。适时地对演讲材料进行充满激情的评述，表达自己的意见，抒发自己的感情，是让观点深入人心、引起共鸣的又一妙招。

3. 铺陈渲染，豪情动人

在演讲中，利用铺陈渲染方法为演讲的主题“蓄势”，可以激起听众强烈的共鸣，把演讲推向高潮。尤其在表达理想、志向和成长感悟时，运用铺陈渲染更能收到节奏和谐、情绪激昂、语气磅礴的表达效果，给人一种积极向上、气势恢弘、壮志豪情的美感和震撼，更容易以豪迈的情感和气势征服听众。

演讲提示：

“感人心者，莫先乎情。”成功的演讲离不开“情”，情感在演讲中就像桥梁一样，连接着演讲者和听众的心。要以“情”动人心，演讲者就必须从听众的角度说话，这样的演讲才更耐听！

第 / 4 / 章

演讲表达，增强语言表现力

我们都知道，演讲是语言的艺术，而语言是表达思想感情的有效形式。一个深谙演讲之道的人便是深得这种艺术精髓的人，他绝不会勉强别人、压制别人，绑架别人的思维，而是会巧妙地将别人的思想与自己的言论相接轨，准确、贴切、生动地表达和沟通，让别人对他充满欣赏之情。然而，演讲中出色的好口才背后需要的是丰富完善的知识系统，以及对语言正确合理的运用，这就需要我们在日常生活中不断训练自己的表达能力，只有这样，才能在演讲时言之有物，打动听众！

言简意赅，掷地有声

在生活中，你仔细观察就会发现，有的人说话言简意赅，句句说到点子上，能击中问题的要害，很快便营造出强大的气场，控制了别人的思想。而有的人尽管表达了很多，但是让人听着云里雾里，他不断地打擦边球，根本没有涉及核心问题，被人轻视和不重视。事实上，不是他们的态度上有差异，而是因为他们表达的能力不一样。会表达的人往往能做到语言凝练、字字珠玑、绝不重复。

事实上，演讲也是如此，任何人发表演讲的目的，都是吸引、说服、鼓动、感召听众，也只有能引起听众共鸣的演讲，才是成功的演讲，这一点，也是我们最关注的问题。任何一个好的演讲者，都很注重自己演讲语言的修炼，尽量在演讲中做到语言凝练，字字珠玑，以传达给听众最实用的信息。而相反，如果为了能让听众接收到更多的演讲信息而不顾听众的感受，一味地表达自己的观点，那么，结果只能是事与愿违，让听众产生不耐烦的情绪。

那么，我们该如何凝练演讲语言呢？

1. 了解你要表达的中心、重点

任何问题都有中心和重点，找到了这个中心和重点之后，说话的时候才能有的放矢，才能了解什么话该说、什么话不该说。所以，迅速找准谈论的中心是言简意赅的前提和基础。若眉毛胡子一把抓，只能惹人厌烦。

2. 懂得表达，语言表达清晰、稳重、不啰唆

说话时，语言表达的轻重缓急也是很有讲究的，该让对方听清的地方就要缓一些，不重要的信息就可以一句带过。如果连珠炮似的大讲一通，对方就会感到一种急迫感，从而心生不信任。

要想使说话不啰唆，其实只须拣重点说就行，其他次要的内容，要么不提，要么一言以蔽之，只有这样才能保证你的发言在最短的时间之内收到最好的效果。否则，即使你滔滔不绝地谈论半天，听者还是不知你发言的目的。

3. 尽量避免口头禅

现实生活中，几乎不可避免的，每个人都会有自己常用的口头禅。也许这些自己根本没注意到的习惯，在日常交际中并不会对我们造成多少危害，但是，对于需要进行演讲的人来说，如果把这些语言习惯带到演讲中，则会传达给听众一些负面信息，比如：

（1）“听说、据说、听人说”。这一口头语会让听众觉得你的演讲真实度不够，试想，谁会真正相信那些道听途说的语言呢？

（2）“说真的、老实说、的确、不骗你”。演讲中，如果有此类口头语，会让听众觉得你的演讲急躁。

（3）“啊、呀、这个、这个、嗯、嗯”。人们常在词汇少或是思维慢时利用这些词作为间歇的方法。在演讲中，如果演讲者常伴有此类口头语，会给人一种反应较迟钝的印象。

（4）“可能是吧、或许是吧、大概是吧”。这些口头语体现的是对自己言谈的极为不确定，也会给听众留下不可信任的印象。

可见，“口头禅”是演讲中的大忌。所以，我们应将凝练自己的演讲语言作为培养和锻炼自身的语言组织和表达能力的重要方面，应尽可能地用最清晰、简明的语言传达给听众相关信息。

4. 偶尔停顿、适时沉默

任何沟通都是双向的。赢得人心需要一个好口才，但决不可卖弄口才。有些人总希望用出色的口才让听众产生信任感，但他们忽略了一点，那就是，人们通常会认为那些巧舌如簧、太能说的人是不值得信任的。因而，在演讲中，你需要偶尔停顿。

总之，你若希望自己在演讲中的语言有震慑力，就要在日常生活中锻炼自己的说话能力，毕竟，世上无难事，只怕有心人。平日里多注意、多锻炼，你说起话来定可以达到言简意赅、字字珠玑，一出口就击中要害的程度。因此，加强持久的练习是重要手段。

演讲提示：

演讲时，你只有做到轻重缓急适宜、言简意赅才能使语意分明，声音色彩丰富，语气生动活泼，语言信息中心突出，从而引起听者的注意，引导听者的思路，易于被人理解和接受。

多使用通俗语言，让听众容易听懂

生活中，不少人出于工作和学习或者是交流经验的需要，都要当众讲话，因此，让听众深刻领会也就是我们演讲需要达到的重要目的之一。可能一些人认为，越是运用高深的理论知识，越是说些晦涩难懂的演讲语言，越能体现自己的知识水准和演讲口才，越能将自己与听众在知识层次上划分开来，而实际上，这无异于唱独角戏，往往得不到听众的响应，也背离了我们最初的本意。而越是高明的演讲者，越是懂得深入浅出的道理，他们能在轻松愉快的氛围与简洁通俗的语言中把自己的本意传达给听众，达到自己的演讲目的。

当然，最通俗易懂的语言也并不是一蹴而就的，需要我们在生活中逐渐练习，需要我们把那些专业、理论性的话语转化成听众能接受的语言。因为讲者和听者之间总是会有一些距离，每个人能接受的语言水平也是不一的。作为演讲者，你只有做到深入浅出，将你要传达的思想以简洁的语言传达给听者，才能真正让听众心领神会。

那么，我们该如何做到深入浅出地演讲呢？

1. 说话的语言要生动形象

举个很简单的例子，形容一个人胖，如果你只说此人很胖、确实很胖，那么，一点说服力也没有。而如果你说成，“此人体型宽大，我估计摔倒了都不知从哪头扭”，就更容易给人一种形象感。契诃夫在描写胖子的时候，语言更为奇妙：“这个胖子胖得脸上的皮肤都不够用了。要张开嘴笑的时候，眼睛就要闭上；而要睁开眼睛看的时候，就得把嘴巴闭上。”

2. 在演讲语言中注入你的精神力量

两千多年前，有一位拉丁诗人曾说：“如果你想引出别人的眼泪，必须自己先悲伤起来。”的确，感情是形于内而发于外的东西，如果你自己做不到感情饱满，那么，自然感染不了听众，反而会让人感到虚假、做作。也就是说，要想感染别人，最根本的是先使自己进入情绪、进入状态，用心感知。

我们发现，那些成功的演讲家，大都是富有活力和精神抖擞的人，他们具有超常的爆发力，十分善于把他们内心的情绪释放出来。已故的美国大政治家柏寿安说：“通常所谓口才流利，就是说那人说话是从心底里发出来的，里面充满了热诚。一个诚恳的演讲者，不怕缺乏知识；一篇能够说服听众的演讲，能够把自己的心与听众的心融合为一，而不是单单把自己的记忆移入对方的记忆。演讲者要欺骗听众比欺骗自己都要难。”

3. 日常生活中善思考

人是思考的动物。善思考，才能出观点、出新意。不思考，就会人云亦云，没有真知灼见；就会老生常谈，提不出新思路、新见解。同样，演讲过程中，如果你多加思考，那么，那些生硬的问题，自然能找到通俗易懂的表达方式。

4. “厚积”才能“薄发”

能将晦涩难懂的语言通俗化，不仅需要我们的嘴上功夫，更需要平时的积累。因此，必须注重知识的积累、语言的积累、经验的积累。有深厚的积累和扎实的根底才能做到言之有物、言之有据、言之有理、言之有效。心虚气短、心浮气躁的人是无论如何也讲不到“点子”上的。

因此，我们在日常工作与生活中，应努力养成独立思考和多积累演讲语言的好习惯。这样，才能富有思想性和创造性，才能在演讲中做到厚积薄发、深入浅出。

演讲提示：

可能我们都希望自己在演讲的时候能妙语连珠、口若悬河，这也是演讲大师制胜的法宝，是我们讲出魅力的根基。而演讲语言的深入浅出，并不与此相违背。事实上，这恰好体现了一个人的口才，因为任何语言艺术的运用，都只有在让听者接受的前提下才能发挥效用。

好词好句，让演讲更有深度

演讲的重点在“讲”，口才在演讲中的重要性由此可见。对需要演讲的我们来说，写好了演讲词，不一定就讲得好；而要想讲好，却必须能写出好的演讲词。其正如一个歌唱家歌唱得好的前提是作曲家能作出动听的曲子。真正的演讲家，既要善写，还要会讲，既要有文才又要有口才。因为，一个人的演讲内容，直接体现的是他掌握各种知识的程度，也就是说，一个有实力的演讲者，必定是个兼备超凡脱俗的智慧、深刻广博的思想内容和完美的演讲技巧的人。我们只有做到博学多识，才能在演讲中旁征博引，让演讲更具吸引力。

俗语说，“冰冻三尺，非一日之寒。”想要成就一次精彩的演讲，想要一开口就能言之有物，一方面要掌握一定的演讲技巧，另一方面要注重平日里的锻炼和学习。在平日里，要多积累词句，以充实自己的内在。

常言道：“工欲善其事，必先利其器。”要想会说话、说好话，首先必须充实知识，掌握知识这一利器。因为知识积累可以丰富口语表达的内容，可以使口头表达更加准确，可以使口语表达更加生动。

从这里，我们可以发现知识储备对于一个演讲者的重要性。我们再来看下面一段精彩的演讲：

“为什么宝玉把爱情转移到了潇湘馆呢？这不仅是因为黛玉有妩媚的容貌，更主要的是黛玉追求的是高尚的精神生活，有与腐败的现实生活相悖的丰富内心世界；是因为他俩有共同的理想、共同的爱憎、共同的语言。他俩相亲相爱，黛玉每天用高尚的、纯洁的、专一的爱情影响着宝玉；宝玉每天用自己美好的心灵影响着黛玉。正像王熙凤所说：黛玉如同一盏美人灯。这盏小灯不是用油点燃的，而是用她的爱情、眼泪和辛酸。在那漫长的如漆一般的封建黑夜里，正是这盏灯，照亮了宝玉的爱情道路，使宝玉的精神境界得到升华。”

这一段演讲没有华丽辞藻，却不得不让我们点头称是。其中，演讲者若没有对《红楼梦》个中人物的一番细细剖析，又怎能有这番感悟？同样，任何一个演讲者，在演讲中，不仅要“能说话”，还要“会说话”，因为口才是恰当的语言与熟练的应用技巧的结合，而要做到“会说话”，就一定要作好平日的积累。

知识是人们在社会实践活动中所获得的认识和经验的总和，是口语表达内容的坚实基础，也是形成优秀口才的必要准备。卡耐基在《语言的突破》这本书中强调：“在这个世界上，全新的事物实在太少了。即使是伟大的演讲者，也要借助阅读的灵感和得自书本的资料。”

你若希望博闻多识，以培养自己的演讲语言，可以从以下三种途径获得：

1. 系统学习语言基础知识

这里的语言基础知识，指的是语法、逻辑和修辞方面的知识，这些有助于提高口语表达的正确性、生动性和严谨性。

2. 系统地学习和掌握副语言特征和体态语言等方面的知识

这样做以便更好地展现表达者自己的精神风貌、情绪感受和个性特征。

副语言特征主要包括音质、音强、音色、语气、语调、语速、节奏等；体态语言主要包括表情、神态、动作、身姿、手势等。

3. 坚持积累和吸收优秀的语言养料，作好词句的积累

古往今来的实践证明，不断地在生活中为自己补充新鲜的语言信息，是提高语言素养永不枯竭的源泉。

而要吸收语言知识养料，方法众多，日常生活中，你可以借鉴经典名家的演讲、大量阅读中外名著、与时俱进地在现实生活中学习那些有生命力的活语言等。

演讲提示：

演讲成功的关键是作好知识的积累，具有较高的语言素养，这样才有可能表现出较强的运用语言的能力。

提高演讲的语言表达技巧

现实生活中，一些人一到公众面前说话就笨嘴拙舌，他们总是抱怨上天没有给自己一个好嘴巴。其实，演讲口才的好坏和天赋并没有多大的关系。上天可能在人类容颜的问题上存在一些偏心，但是在口才方面则绝对是公平的。我们知道，写文章讲究“读书破万卷，下笔如有神”，其实讲话和写文章属于一样的道理，只有积累的东西多了，才能够说出有水平、有见解和有说服力的话。

好的演讲口才是建立在深厚的学识基础之上的，如果失去了这个根本性的东西，那么，要想达到口吐莲花的水平恐怕就是缘木求鱼了。准确的表达、幽默机智的应答和缜密的逻辑思维都离不开头脑中广博的知识。换句话说，任何的字字珠玑、妙语如珠也只不过是表面性的技巧而已，而个人的内涵才是最重要的东西。如果我们只停留在表面技巧的追求上，未免

就显得舍本逐末了。

俗话说，十年培养一个富翁，百年的时间才能够培养出来一个贵族。要想成为一个说话的高手，并不是轻易之间就能达到目标的，它需要经过个人长期不懈的努力。要想在交际场合游刃有余、应付自如，就应该从平常的一点一滴开始做起。那么，该怎么样从一点一滴开始做起呢？我们不妨从以下几个方面入手：

1. 关注生活，加强生活积累

缺乏生活积累和阅历的人，对社会和现实的了解也会十分肤浅。如果生活在封闭的圈子当中，就会孤陋寡闻，与世界隔绝，也会和周围的人以及环境失去联系。一个没有生活积累的人和别人说话的时候往往会因为所谈话题与社会现实脱节而让人感到枯燥无味，以致令人对他也失去兴趣。

2. 注重阅读，增加知识含量

从很大的程度上来讲，口才是满腹经纶、博古通今等词的另一种称谓。拥有了丰富的知识，在和别人的谈话中就不会因为无知而自卑，谈吐间就会很自然地引经据典、旁征博引，所表达的内容也会十分高雅。假如胸无点墨，那么，在陌生人面前也好、老朋友面前也罢，只有闷头静听的份儿，这样就会让自己的分量显得很轻，也就无法得到别人的关注。因此，在日常的生活中，要多注意阅读，注重知识的积累，看一些历史、哲学、文学、政治、美学之类的书，提高一下个人的修养，让自己达到“腹有诗书气自华”的境界。当你有了充足的知识储备之后，就会有充分的底气站在别人面前进行较高层次的谈论了。

3. 紧跟时尚，掌握时代的潮流

时尚是一个时期内比较流行的生活方式和文化理念。它以各种物质的形式表现，表达了时下人们的思想认识和价值观念，也体现了绝大部分人的精神需求。时尚，是一种潮流，是正在进行着的社会文化现象。一个人假如和时尚脱离，就意味着被时代所抛弃，他也无法在交际生活中和别人产生共同的话题。一个不懂时尚的人在和别人的交谈过程中，他所说出的内容会因为缺乏时尚元素而显得乏味，他所受到的欢迎程度也必将大大降低。我们要想成为不被别人冷落的人，就要紧跟时尚，如了解短时间内所流行的服装款式、电影类型、前沿杂志、热门话题等，这样才能够走在时代的最前沿，不至于被社会大潮抛在后面。紧跟时尚的生活方式和精神状态，不仅能够让你享受到一个特定时期的文化气息，更能让你在交际场合中不至于处在边缘的位置，同时，会为你有一个良好的交际圈子打下坚实的基础。

4. 关心政治，了解时事

我们处在一个与世界交流越来越频繁的时代里，报刊、电视、互联网传递着世界各地的政治事件和时事新闻。如果连续几天不上网、不看报看电视，就会有一种被世界抛弃了的感觉。当别人谈及“六方会谈”的时候，你只能在一边竖起耳朵稀里糊涂地听着。在和别人说话的时候，你自己所说的内容就会显得空洞乏味，那么，你也必将被贴上一个空洞乏味的标签。政治和时事与我们息息相关，如果一个人紧闭房门，两耳不闻窗外事，显得既缺少知识又没有趣味，会遭到别人下意识的排斥和嘲笑。

演讲提示：

流利的表达，缜密的思维，从容的谈吐，其来源是头脑之中日积月累所形成的广博知识。要想提升自己的表达能力，绝不能去追求技巧上的细枝末叶，而要用知识去武装头脑，提高学识修养。只有从根本上提升了自己，才能够厚积薄发，让自己的谈吐增色。

修炼开口即赢的声音

希腊哲学家苏格拉底说：“请开口说话，这样我才能看清你。”人的声音是个性的表达，声音来自人体内在，是一种内在的剖白。演讲也是如此。作为一名演讲者，你的声音中可能会透露出畏惧、犹豫和缺乏自信，也可以透露出喜悦、果断和热情。我们说话的声音，也必须和音乐一样，只有渗进人们心中，才能达到让听众信服的目的。

事实上，我们在演讲中说的每一句话，既向听众传递着信息，又是在表达个人的思想观点。要想实现我们想要达到的演讲目的，不仅要在语言的组织形式上下一番功夫，更需要在声音上进行必要的修饰。因为很多时候，一个精辟的见解，经过严密的思维和美妙的辞藻表达出来并不能产生理想中的效果，既不能让听众对我们所要表达的信息有一个完整的把握，又无法让听众对我们的思想有一个正确的了解。造成这种现象的原因，就是我们在说话的时候音质出现了缺陷，以致让我们的口才大打折扣。这就意味着我们应该对自己的声音作一下必要的“美容”。

有很多人羡慕别人完美的音质，觉得他们的声音是自然天成。其实，那些声音中充满了美感的人，并非在口才上有着高人一等的天赋，这是他们经过了不断的努力才取得的成就。打一个不恰当的比方，人们常说“这个世界上并没有丑女人，只有懒女人”，意在说明打扮的重要性。其实，需要打扮的并不只是容貌，我们的声音也需要经过一个长时间的美容过程。我们常常为了拥有健美的身材而刻意锻炼自己，同样，我们也应该为了一个美妙的声音付出一定的努力。为了能够达到理想中的声音效果，我们不妨从以下几个方面入手。

1. 选择适合的音调

一般情况下，不疾不缓的速度、中等的音量更能够给人一种亲切自然和自信的感觉；过高的分贝、过快的语速会显得说话的人性格过于急躁，胸无城府，过于幼稚和偏执，会让人产生厌恶的情绪；说话的声音过低，语速缓慢，这样的人可能是没有自信，优柔寡断，看待事情比较悲观，处理事情畏首畏尾，放不开手脚，容易让人产生审美的疲劳。一个人的语调会反映出他的内心世界、情感和态度。

因此，在谈论一个话题的时候，要保持说话的语调与内容相符合。比如，在讲述故事的时候，可以选择娓娓道来的形式；在表达决心的时候，可以气运丹田，让声音显得浑厚而又响亮。要想做到音调合适，还须注意以下细节：

说话干脆利落，不拖泥带水。

劝说他人的时候要诚恳委婉，不能用命令的口吻。

传递信息的时候，要准确完善，不能遗漏和误传。

发起倡导的时候适当提高分贝，使语言增加力度。

2. 选择适合自己的音色

世界上每个人都有着和别人不同的面孔，每个人的音色也是不尽相同。既然音色属于声音“颜色”的范围，就更需要美化和加工。无论嘹亮或低沉，还是单一或浑厚，总之，你要尽量选择让自己和他人都满意的音色。当和朋友谈话的时候，切忌声音大起大落，以免别人的心理无法承受这急剧的变化，以致产生对你的厌恶之情。你可以选择故意地降低或提高声调，但是应该有一个让别人接受的准绳和底线。说话的关键是发音，谈论的内容哪怕是长篇大论，也都是由一个个词语衔接而成，将这一个个元素贯穿为一体又同时产生变化的，就是适当的重音和语调。音色就像一篇文章中的修辞和开头，起着十分重要的作用。

3. 把握说话的音量

对于高分贝的声音，物理学上称之为噪声，以强调它对人的心灵产生的污染作用。在生活中，一个人的说话声音过大，就会让人产生反感，认为是装腔作势或者是色厉内荏。但是音量太小的话也未必能够令人们喜欢，这样听起来过于费劲，甚至令人觉得你是一个怯弱的人。由于听者所处的距离不同，谈话者所处的环境各异，因此要注意找到与不同场合相适应的音量，以让人听得清楚而又不产生厌烦心情为原则。

4. 做到声情并茂

古人说生于情发于声，就是强调说话时要注意感情的因素，声音只是传递的工具，它的源头是人内心的情感。声音、语调、词汇等元素都是为感情服务的。如果声音失去了感情的依托，就会变得空洞僵硬，犹如失去了水源的枯木，毫无生气可言。因此，在说话的时候，要注意用感情去感染和打动听众，只有充满感情的文章才是好文章，也只有充满感情的谈话才是成功的谈话。

演讲提示：

声音对一个人的演讲效果有着重要的作用，不同的声音，将导致对方不同的感觉效果。一句话起什么作用，产生什么效果，给听众什么感受，也取决于演讲者的声音。

练发音，不妨多读绕口令

现实生活中，相信大部分人都希望自己能在公共场合侃侃而谈，一开口就吸引听众的注意力。但偶尔出现的几个错误发音会让我们的演讲顿时失色，比如，有人把“政治家”，念成“整治家”“针织家”，有人将“公安局”念成“官局”等，总之，发音不到位，便会造成歧义、产生误解，不能准确地表情达意。甚至还有听众会在背后议论：“连普通话都没说好，居然在公共场合演讲。”这种情况下，你是否觉得颜面无存？其实我们完全可以通过在日常生活中的发音练习来改善，其中就包括绕口令。

绕口令练起来有些拗口、难发音，但它是说好普通话必不可少的练习材料。通过绕口令的练习，我们不仅可以加强咬字器官的力度和提高咬字器官的灵活度，同时也可以有效地锻炼呼吸控制能力。

当然，绕口令的练习也需要我们有针对性地进行练习，这就包括：

b、p：八百标兵奔北坡，炮兵并排北边跑，炮兵怕把标兵碰，标兵怕碰炮兵炮。

b、p、m：炮兵攻打八面坡，炮兵排排炮弹齐发射。步兵逼近八面坡，歼敌八千八百八十多。

b、p：一平盆面，烙一平盆饼，饼碰盆，盆碰饼。

n、l：柳林镇有个六号楼，刘老六住在六号楼。有一天，来了牛老六，牵了六只猴；来了侯老六，拉了六头牛；来了仇老六，提了六篓油；来了尤老六，背了六匹绸。牛老六、侯老六、仇老六、尤老六，住上刘老六的六号楼，半夜里，牛抵猴，猴斗牛，撞倒了仇老六的油，油坏了尤老六的绸。牛老六帮仇老六收起油，侯老六帮尤老六洗掉绸上油，拴好牛，看好猴，一同上楼去喝酒。

d、t、l：太阳从西往东落，听我唱个颠倒歌。天上打雷没有响，地下石头滚上坡;江里骆驼会下蛋，山里鲤鱼搭成窝;腊月苦热直流汗，六月爆冷打哆嗦;姐在房中手梳头，门外口袋把驴驮。

b、d、t：白石塔，白石搭，白石搭白塔，白塔白石搭，搭好白石塔，白塔白又大。

g、k、h：哥哥过河捉个鸽，回家割鸽来请客，客人吃鸽称鸽肉，哥哥请客乐呵呵。

s、sh：四和十，十和四，十四和四十，四十和十四。说好四和十，得靠舌头和牙齿，谁说四十是“细席”，他的舌头没用力；谁说十四是“适时”，他的舌头没伸直。认真学，常练习，十四、四十、四十四。

z、c、s-j、x：司机买雌鸡，仔细看雌鸡，四只小雌鸡，叽叽好欢喜，司机笑嘻嘻(《司机买雌鸡》)。

z、zh：隔着窗户撕字纸，一次撕下横字纸，一次撕下竖字纸，是字纸撕字纸，不是字纸，不要胡乱撕一地纸(《撕字纸》)。

zh、ch、sh：大车拉小车，小车拉小石头，石头掉下来，砸了小脚指头(《大车拉小车》)。

当然，绕口令除了可以练习发音外，还能练习气息。如：

出东门，过大桥，大桥底下一树枣儿，拿着杆子去打枣，青的多，红的少。一个枣儿，两个枣儿，三个枣儿，四个枣儿，五个枣儿，六个枣儿，七个枣儿，八个枣儿，九个枣儿，十个枣儿……这是一个绕口令，一口气说完才算好。

另外，声调也可以通过绕口令来练习，比如：石室诗士施史，嗜狮，誓食十狮，氏时时适市，氏视十狮，恃矢势，使是十狮逝世，氏拾是十狮尸，适石室，石室湿，氏使侍拭石室，石室拭，氏始试食十狮尸，食时，始识十狮尸实是十石狮尸，试释是事实(《施氏食狮史》)。

普通话绕口令练习的目的主要是帮助大家达到口齿灵活、语音准确、吐字流畅、颗粒饱满、圆润集中、字正腔圆的表达效果。训练时，要求大家一定要按照正确的发音部位和发音方法练。

一方面要注意纠正自己的发声缺点、弱点、毛病;另一方面还要利用和发挥自己的长处，扬长避短。

练习时，最初应特别注意字音质量，要把音发准、劲使稳，打开韵腹，利索收音，做到吐字准确、清晰、圆润。然后由慢到快，逐渐加速，可按音、字、词、句、段五步练习法循序渐进进行练习。

在训练中，我们还要注意结合气息控制练习。在开口前要注意放松喉部、气息下沉。“运行”当中要补气自如，轻松流畅，字音速度由慢渐快，要做到慢而不断、快而不乱。

最后还要注意做到内容清楚、感情充沛。因为气是发声的动力，气息调整不好，字的“运行”就会发生故障，声音的质量也就无法保证。

演讲提示：

绕口令练习并非只是耍嘴皮子，而是既要练“嘴劲”，又要练“心劲”，所以不能一味求快。

第 / 5 / 章

演讲结构，讲好开头和结尾

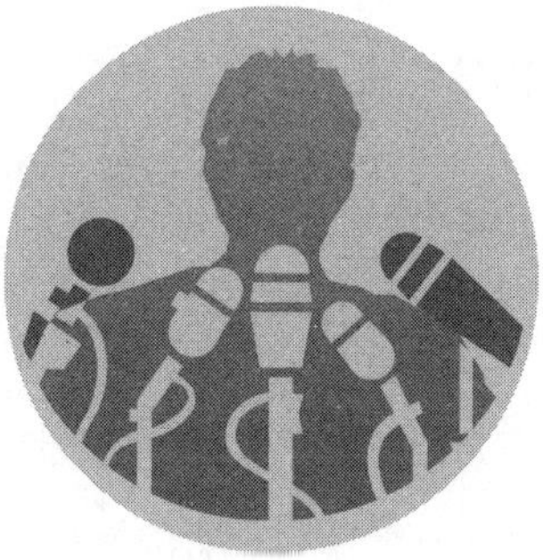

元朝学者陶宗仪对写文章有个“三段论”的说法，即“凤头、猪肚、豹尾”，而我们进行演讲与写文章一样，也需要有“引子”“正文”和“收尾”。这三个部分在演讲过程中缺一不可，且我们只有把这三个部分处理好，方能使得一次演讲有个满意的结果。否则，就有可能使演讲陷入拖沓、无味，甚至不知所云的窘境。

确定演讲主题，定好演讲基调

生活中，我们经常听到“基调”一词，基调即是风格、主要感情等。这一词汇对于经常参加各种演讲的人来说并不陌生。通常来说，演讲都是要达到一定的目的的，因此，我们当众讲话时，就必须要有较强的针对性。这要求我们首先了解演讲的主题，尤其要考虑到听众的身份、年龄、职业、心理需求和接受习惯等特征。

而实际上，一些人认为，演讲中的语言越是冗长、云里雾里，越是能体现自己对发言准备充分，越是能体现自己的语言水平。因此，有些没多少实质内容的演讲，只能反复强调，造成空话、套话泛滥，短话长说，短会开成“马拉松”会，听得让人厌烦。而实际上，讲话越短越精彩，越短越容易给人留下深刻印象。精彩的发言无须长篇大论，短小往往更精悍有力。而要做到这点，就需要我们在演讲前就定好基调，掌握整个演讲的气氛。

明初，刑部主事茹太素向朱元璋上书奏言，这篇万字长文，朱元璋读到六千多字的时候，还没看到切入正题，十分生气，说茹：“虚词失实、巧文乱真，朕甚厌之。自今有以繁文出入朝廷者，罪之！”于是命人将茹太素拉上殿来，痛打了一顿板子。

打完板子之后，朱元璋连夜找来其他臣子，命令他们为自己念这篇文章，直到一万六千多字时，才知道这篇奏章到底要上奏一些什么事情，总结起来只有五件事，而可行的也只有四条而已。于是朱元璋把这些可行的事情交代下去，并对茹太素及其他臣子说，“许陈实事，不许繁文。”此奏章中只有五百来字是言之有物，以后写公文都应该吸取这个教训，并由此发布新的要求，“革新文风”，违者要治罪。

这个故事说明，“言不在多，达意则灵。”同样，我们当众讲话也要遵循这一原则，并不是越长篇大论越能显示你的水平。

我国古代就追求“以少少许，胜多多许”“文约而事丰”的境界。我们想形成这种演讲风格，首先要在开口前就定好基调，继而让讲话短小些、精粹些。在当今工作生活快节奏和社会信息交流频繁的时代，这种演讲更受人欢迎。那么，我们该如何做到这一点呢?

1. 一语中的

当众讲话，要有一定的核心问题，因此，讲话不能兜圈子，而要切中要害，透过现象讲本质，拨开枝节讲主流，一针见血地讲到点子上。

2. 语言上的创新

能否在讲话中推陈出新，体现的就是我们的语言水平。如果总是那么一副“老面孔”“老调子”，即便是真理，也会让人厌烦。我们讲话时必须把真理讲出新意，让人乐于接受，引起广大听众的共鸣。

3. 内在的吸引力

如果只讲大道理，那么，讲话便是枯燥无味的，而听者一般也会通过讲话分析和认识我们。只有生动的讲话才是吸引人的，所以，我们讲话时，应在内在的“神”上下功夫。这就要求我们善于抓住群众的心理，了解群众所想所盼，尽量做到你讲的正是群众想听的，从而增强内在吸引力。

4. 以理服人

一般来说，我们在会议上讲话，就是要通过产生积极作用来影响听众，而要做到这一点，并不是靠死命令或者说教就能起到作用的，关键是我们讲话要有说服力。通过讲话，真正说服人，真正让人口服心服。只有做到这一点，才能让听众有兴趣继续听下去。所以我们要对听众关心的内容讲清楚，不拖泥带水；对群众不明的内容要讲明，不含糊其词；对听众有抵触、有反感的内容要讲透，不牵强附会。否则，你讲你的，人家做人家的。你例行公事讲了话，浪费时间；人家不得已而听讲，等于没听。

5. 运用富有情感的语言

感染力强，效果就好。平淡无奇，死水一潭，没人爱听，大家就会指着讲话者说“没水平”。

所以，我们必须注意研究听众心理，把握讲话现场状况，从容应对局面。要善于运用富有感情的语言进行演讲，或用慷慨激昂的感召，或用富有哲理的评议，或用激励的语言，扣人心弦，励人斗志，激起群众的热情，增强群众的信心。

6. 提出自己的希望

演讲开始后，你就要让听者明白你的讲话目的是什么。当然，如何提出自己的希望还体现了一个人的号召力如何，我们常听到这样的评价："某某号召力强""某某人有魄力"，其实，"号召力强""有魄力"很大程度上是通过讲话来表现的。

优秀的演讲者，往往在讲话伊始就能通过一番简短的讲话迅速地把听众的心凝聚起来，将群众的力量组织起来。而也有一些演讲者，讲话讲了半天，纯粹是空洞的说教，人家根本听不进去，"不吃你那一套"，如此怎么会有号召力？我们应在增强"号召力"上作些研究。要通过讲话起到激励、鼓动的作用，达到演讲目的。

演讲提示：

我们如果希望自己的演讲内容对听者产生积极的作用，就要把握好开场基调，通过以上几种方式，让听者产生浓厚的继续听取的欲望，把握会议气氛，进而让整个会议跟着自己的思维进行下去。

直奔主题，营造演讲氛围

人们在公共场合讲话、演讲，为的就是起到启迪人心的作用。而能否在开场就抓住听者的兴致，对于听众能否接受演讲者的观点至关重要。因为，我们在确定了演讲的主题之后，首先应当考虑的，便是这个主题如何进行架构，如何尽快引发出听众与自己同样的兴趣，如何以自己对题目的感觉和热情去点燃听众内心的感觉与热情之火，如何以自己对主题的精深理解去启迪听众随着这思路一道共鸣和思索。这些，都关乎演讲的成败。

在众多的开场设计中，有一种直击要害的方式，那就是开门见山式。开宗明义、开门见山，是中国传统的作文法，也符合听众一般的心理要求。有的演讲开头会注意使听众具有一定的心理准备，从而令其与演讲者建立协调和谐的联系。

在美国会计协会罗切斯特分会的一次演讲中，演讲者唐纳德·罗杰斯通过表达他对听众需要的关心而激发起了他们的兴趣：

“我今晚要演讲的题目是《信息的透露》。确定这个题目之前，我先是查阅了本地的会计年鉴分册和全国会计协会的学术专刊，然后又询问了我的同事亚历克斯·莱文斯顿和戴夫·汉森：‘今晚来听演讲的人都有哪些？他们希望我讲什么？’他们告诉我在座的各位都是些很热心的人，希望我的演讲有趣而富有启发性。因此，我将告诉大家一些有用的知识，我也同时希望我的演讲简明扼要，并留给大家一定的提问时间。”

有时候，听众的时间是宝贵的，他们也是“自私”的，他们只有在感到能从演讲中有所收获时才专心去听演讲。演讲的开头应正面回答听众心中的“我为什么要听”这一问题。而唐纳德·罗杰斯在开场中就向听众展示了这一点，因此，他找到了与听众继续沟通的门道。

那么，我们该如何灵活运用开门见山式的开场方式呢？

1. 快速入题

我们欲使听众尽早进入状态，接受自己的言论，就必须重视入题的速度和方式两方面的安排。既要“开门见山，一针见血”，这就是“快”；又要有逻辑上的悬念、起伏和跌宕。

这里强调入题要快，并不是说所有入题都以“开门见山”这样“直”的方式为佳。其实，有时候入题更需要讲求一定的曲折和委婉，尤其要讲求一点逻辑悬念，如此方才有利于入题的引人入胜。因此，有时候，你不妨在言辞上多下点功夫，以悬念抓住听众心理，引起他们的注意和重视。

2. 观点鲜明

我们在选用开门见山这一开场方式时，要力求观点鲜明。演讲观点鲜明，显示着我们对一种理性认识的肯定，显示着我们对客观事物见解的透彻程度，能给人以可信性和可靠感。演讲稿观点不鲜明，就缺乏说服力，就失去了演讲的作用。

3. 感情真挚

我们在开场的时候，演讲言辞具有真挚的感情，才能打动人、感染人，有鼓动性。因此，我们在表达上要注意感情色彩，把说理和抒情结合起来。既有冷静的分析，又有热情的鼓动；既有所怒，又有所喜；既有所憎，又有所爱。当然，这种深厚动人的感情不应是“挤”出来的，而要发自肺腑，就像泉水喷涌而出。

马丁·路德·金的《我有一个梦想》的演讲，为了点明题旨以增强感染力，他反复描述了“我梦想有一天”的情景，每一个情景就是一个镜头，连续组成主观与客观相融为一体的连续不断的“画面群”，既强烈地渲染了主题，也是一种颇为艺术的点题方法。

4. 语言流畅，深刻风趣

我们想把在头脑里构思的一切都写出来或说出来，让人们看得见、听得到，就必须借助语言这个交流思想的工具。因此，语言运用得好还是差，对演讲影响极大。要提高演讲稿的质量，不能不在语言的运用上下一番功夫。

对此，我们不妨运用：

一是使用点出主旨的警句，以起到“余音绕梁”的效果。

在演讲开头使用警句，不仅新意盎然，而且颇有深刻寓意，仿佛黄钟轰鸣，余音不绝于耳。

二是艺术地运用熟语，以使听众受到感染并乐于接受自己的观点。

熟语，包括成语、民谣之类，通俗易懂，人们耳熟能详。对此，切不可视之为下里巴人而妄加轻视与贬低；相反，很多时候熟语在演讲中也能起到“阳春白雪”的作用。如果演讲时演讲者对此能艺术地加以改造和利用，并糅进其他修辞手段加以强化，也有可能赋以新意并铸成警句，从而给人以艺术享受与心灵震动。

演讲提示：

我们在演讲的过程中，使用经典的开门见山的开场方式，能快速阐明观点，能迅速将听众带入规定情境和思路中去。

幽默式，调动听众兴趣

一般来说，演讲都是比较正式的，但是，作为演讲者，你不能为此而端起架子、板起面孔，一本正经地进行演讲。实际上，营造幽默轻松的气氛是使演讲易于为人接受的一种高明的方法。

我们都知道，任何演讲，都必须以一定的话术开场。因此，演讲的开场很重要，它可以奠定整个演讲过程的基调。但万事开头难，演讲也不例外。如果开场白毫无新意，那么，即使内容丰富、道理深刻，也无法有效地吸引听众，而接下来就很可能会出现听众昏昏欲睡的场面。幽默的开场白是演讲者明智的选择，因为这不仅能使台下的听众眼前一亮，而且人们在轻松的氛围里更能有效地思考问题，从而使演讲抓住人们的心。

幽默的开场白从一个侧面体现了演讲者的智慧和才华，体现了他对将要进行的演讲充满信心与期待，所以受众会逐渐由为演讲者的个人魅力所吸引过渡到为演讲本身所吸引。可见幽默的开场白对于演讲的开展是至关重要的。

有一位小伙子在自己的婚礼上的开场白充满了幽默和温情。

“尊敬的各位来宾，大家好！谢谢你们来参加我的婚礼，大家看得出来，我今天很开心，也很激动，因为我终于结婚了。现在，我只能说，千言万语也不能表达我现在的心情，但我知道，无论如何，我必须对所有人说‘感谢’。首先，我要感谢所有的亲朋好友，愿在这个美好的周末，特意前来为我和她的爱情作一个重要的见证。其次，要感谢我妻子的父母，我想对您二老说，谢谢你们的信任，谢谢你们能把你们呵护了二十几年的掌上明珠交给我保管，我保证，我会一直让这颗明珠灿烂夺目的。最后，我要感谢在我身边的这位在我看来是世界上最漂亮的女人。昨天上了一夜的网，网上说现在世界上男性人口是29亿8000万，我竟然有幸地得到了这29亿8000万分之一的机会成为你的丈夫，所以我想说，谢谢你。但是此时此刻，我的心里对你有一丝深深的愧疚，在认识你之前和认识你之后，我还一直深深地爱着另一个女人，并且就算你我的婚姻也无法阻挡我日夜对她的思念，那个女人也来到了婚礼现场。亲爱的，她就是我的妈妈。妈，谢谢您，谢谢您把我带到了这个世界，让我学知识，教我学做人，让我体会到世界上最无私的爱，给了我世界上最温暖的家。我想说，妈，辛苦您了。此时此刻我很幸福，因为我遇上了这世界两位最最善良美丽的女人。”现场响起了热烈的掌声。

这个小伙子的一段开场白实在令人拍案叫绝。这里，他该感谢的对象可谓一个没落下，有他妻子的父母、他的妻子、他的父母以及所有的来宾，令在场的人都为之动容。

的确，就演讲者来说，如果他一开始讲话就很严肃，那么接下去的演讲就很难活跃起来。而演讲者与听众的关系一旦在开始就是疏远和隔膜的，以后便不好拉近。所以，开场时幽默一下是有好处的。它可以使演讲者和听众都处于轻松的状态，缩短双方的距离。而且，在演讲的正题开始以前，逗乐有充分的自由，有各种各样逗乐的题材和方式。

那么，具体来说，演讲者如何在开场白中运用幽默的素材呢？

1. 自我调侃

美国有一位黑人先生约翰·罗克在面对白人听众作关于解放黑人奴隶的演讲时，他的第一句话是：

“女士们，先生们——我来到这里，与其说是发表讲话，还不如说是给这一场合增添一点‘颜色’。”

这是一个自嘲式的开场白，意思是他的出现使全场皮肤的颜色在白色之外添了黑色。听众大笑起来。这一笑就冲淡甚至消除了由于种族差异而造成的心理障碍，使种族问题这一敏感和沉重的话题变得轻松起来，有利于他为自己的观点争取更多的支持者。

2. 以“掌声”为幽默素材

1935年，高尔基参加会议时，代表们要求他讲话。他上台后，与会者长时间鼓掌。掌声停息，高尔基灵机一动，微笑着说：“如果把花在鼓掌上面的全部时间计算起来，时间浪费得太多了。”

全场报以会心的微笑，大家都很钦佩高尔基的谦虚和机智。

大文豪高尔基的幽默开场别具一格，富于才气。总之，演讲活动中，诙谐幽默的开场，能让大家会心一笑，放松整个现场的气氛。

演讲提示：

如果你一开始就想要抓住听众的心，你就要发挥幽默的力量。当你演讲的时候，要如行家一样把你的幽默力量运用自如，把幽默力量真实而自然地表现出来，并以此作为你演讲的重要部分。

故事式，激发听众的好奇心

可能很多人都明白，文章开头最难写。同样的道理，演讲的开场白也最不易把握。演讲学界曾有人指出：如果没有一个好的开头，想在整个演讲过程中始终做到轻松、巧妙地与听众交流思想是颇为困难的。那些有演讲经验和演讲学识的演讲家，通常都非常重视演讲开头的设计。演讲开头成败的关键在于能否吸引并集中听众的注意力。因此，开场白只有做到匠心独运，具有新颖、奇趣、敏慧之美，才能给听众留下深刻印象，才能立即控制场上气氛，在瞬间集中听众注意力，从而为接下来的演讲内容顺利地搭梯架桥。用形象性的语言讲述一个故事作为开场白，往往能引起听众的莫大兴趣。可供使用的故事一般有两类：幽默的故事和一般的故事。具体来说，我们可以这样具体操作。

1. 一般的故事

这一类故事，可以是现实生活中的逸事趣闻，也可以是中外历史上有影响的事件。无论使用哪一类故事，都应注意和自己的谈话内容相衔接。

1962年，82岁高龄的麦克阿瑟回到母校——西点军校。校园里的每一处，都令他眷恋不已、浮想联翩，仿佛又回到了青春时光。在授勋仪式上，他即席发表演讲，用了这样的开场白："今天早上，我走出旅馆的时候，看门人问道：'将军，你上哪儿去？'一听说我到西点时，他说：'那可是个不错的地方，您从前去过吗？'"

这个故事情节极为简单，叙述也很平淡，朴实无华，但饱含的感情是深沉的、丰富的。既说明了西点军校在人们心中非同寻常的地位，从而唤起听众强烈的自豪感，也表达了麦克阿瑟对母校的那种深深的眷恋之情。

接着，麦克阿瑟不露痕迹地过渡到"责任——荣誉——国家"这个主题上来，水到渠成，自然妥帖。

2. 幽默的故事

心理学家凯瑟琳告诉我们："如果你能使一个人对你有好感，那么，也就可能使你周围的每一个人，甚至是全世界的人，都对你有好感。只要你不是到处和人握手，而是以你的友善、机智、风趣去传播你的信息，那么空间距离就会消失。"幽默能一下子拉近人与人之间的感情距离。

但演讲中使用幽默的故事时一定要注意，讲话者需有幽默的禀赋，切不可平淡、呆板。

台湾著名艺人凌峰在一次春节联欢晚会上发表了一段精彩的即兴演讲，他那段幽默的自我介绍，堪称开场白中的经典。

"在下凌峰。这两年，我大江南北走了一道，男观众对我的印象特别好，因为他们见到我有点优越感，本人这个样子对他们没有构成威胁，他们很放心，他们认为本人长得很中国，中国五千年的沧桑和苦难都写在我的脸上了。”台下大笑并发出热烈的掌声。“一般说来，女观众对我的印象不太良好，有的女观众对我的长相已经到了忍无可忍的地步。她们认为我是人比黄花瘦、脸比煤球黑。”台下又迸发出笑声。“但是我要特别声明，这不是本人的过错，实在是父母的错误，当初并没有征得我的同意就把我生成这个样子。”台下再次爆笑。“但是，时代在变，潮流在变，现在的男人基本上可以分为三种：第一种，你看上去很漂亮，看久了也就那么一回事，这一种就像我的好朋友刘文正这种。第二种你看上去很难看，看久了以后是越看越难看，这种就像我的好朋友陈佩斯这种。”台下爆笑。“第三种，你看上去很难看，看久了以后你会发现，他有另一种男人的味道，这种就是在下这种了。”观众给予热烈的掌声。“鼓掌的都表示同意了！鼓掌的都是一些长得和我差不多的，真是物以类聚啊！”台下再次爆发出笑声和热烈的掌声。

凌峰的开场白妙语连珠，令观众笑声迭起，掌声不断，他不但紧紧抓住了观众的心，而且给观众留下了极为深刻的印象。可见幽默的开场白对于抓住受众的心有多么重要。

演讲提示：

演讲开头是演讲者向听众出示的第一个同时也是最重要的信号，我们若能以故事开场，便能抓住听众的注意力，引发他们听的兴趣和积极性。

提问式，给听众造成悬念感

不少人在演讲的过程中可能都有这样的感触：一上台就开始正正经经地演讲，会给人生硬突兀的感觉，让听众难以接受。而如果能在开场时卖卖关子，则能迅速吸引听者的注意力。这就是演讲过程中的悬念。演讲中的悬念是指听众的一种心理活动，这种心理的产生基础是听众对某种事物的认识有个大略的了解，但现在向他们传达的则是已经变化了的事物，他们对此产生了关心的情绪，甚而把想探个究竟的想法急切地表达出来。

可以说，悬念是打开演讲者成功演讲之门的金钥匙，对于这种心理活动的过程，如果演讲者能在演讲时恰当利用，就会使听众产生一种听完后有所得的愉悦感，真切理解演讲者的意图。

我们在演讲开场时使用悬念的方法有：

1. 展示物品法

有一次，陶行知先生在武汉大学演讲。他走上讲台，不慌不忙地从箱子里拿出一只大公鸡。台下的听众全愣住了。陶先生又从容不迫地掏出一把米放在桌上，然后按住公鸡的头，强迫它吃米，可是大公鸡只叫不吃。他又掰开鸡的嘴，把米硬往鸡嘴里塞。大公鸡拼命挣扎，还是不肯吃。最后陶先生轻轻地松开手，把鸡放在桌子上，自己向后退了几步，大公鸡自己就吃起米来了。全场鸦雀无声，听众的胃口被吊了起来。这时陶先生则开始了演讲：

“我认为，教育就跟喂鸡一样。先生强迫学生去学习，把知识硬灌给他，他是不情愿学的。即使学也食而不化，过不了多久，他还是会把知识还给先生的。但是如果让他自由地学习，充分发挥他的主观能动性，那效果一定会好得多！”

这时，全场掌声雷动，听众不禁为陶先生精彩、形象的演讲开场白叫好。

陶行知在这次演讲中，就是以展示物品开头的。因为每个人都有好奇的天性，心中一旦有了疑团，非得探明究竟不可。为了激发起听众的强烈兴趣，可以在讲话之前，先拿出一件物品，如此肯定会让在座的听众挺直身子。他们会猜想：他要表演魔术吗？这就引起了听众的好奇心。展示的物品可以是一幅画、一张照片或任何一件其他实物，只要有助于讲话者阐述思想，能引起话题。

2. 即景生情法

我们在演讲时，不妨以眼前人、事、物、景为话题并加以引申，把听众的注意力不知不觉地引入演讲之中。当然，这个话题最好能生动有趣。这样即兴发挥，能给人耳目一新的感觉。

当然，即景生题不是故意绕圈子，不能离题万里、漫无边际地东拉西扯。否则会冲淡主题，也使听众感到倦怠和不耐烦。演讲者必须心中有数，还应注意点染的内容必须与主题互相辉映，做到浑然一体、恰到好处地过渡。

3. 对比设疑法

我们在开场时可以用强烈的反差、对比来引出自己的题目，以期在人心目中留下深刻的印记。这主要指以对比、对照和映衬之类的修辞手法，来引领和导入自己的话题。

曾经有个演讲者发表了一篇名为《论男子汉》的演讲，整个过程很让人匪夷所思。

刚开始，听众对他的演讲感到很失望，甚至觉得他说的话都离题了，因为他一口气讲了四个困难，让听众丈二和尚摸不着头脑。

他是这样开头的："其实，我根本不知道今天主办者的意图何在，这是我今天遇到的第一个困难；另外，这是我第一次来到贵学校，一切是那么地陌生，这让人感到很局促，以至于我都不知道该说些什么了，这是我今天遇到的第二个困难；再者，前面几位演讲者的演讲是那么地精彩，大家也给予了很热烈的掌声，我压力很大啊，这是我遇到的第三个困难；其实，我原本是带了演讲稿的，这样，我在紧张的时候就可以看一下，但现在的问题是，我却忘了带我的眼镜，这下子，我又遇到了我的第四个困难。"

听众们听完这些后，觉得这个演讲者说的话太饶舌了，且只会耍嘴皮子。谁知道，当他说完这些以后，突然话锋一转，便说到了正题——"但是，我并不胆怯；相反，我充满了信心。我相信，既然我站到了这个讲台上来，我就必定能够鼓起勇气、竭尽全力，让自己体面地走下台去！因为，我选择了这样一个演讲题目——《论男子汉》！"

当演讲者说完，台下响起了热烈的掌声。

这里，这位演讲者是怎样将演讲效果渲染到最佳的？他采取了对比的方法，将一开始的“胆怯”“为难”与后面的“信心”形成鲜明对比和反差，巧妙、贴切而又风趣盎然，听来令人解颐。

当然，我们在使用设置悬念法开场时，不能故弄玄虚，这一方法既不能频频使用，也不能悬而不解。在适当的时候应解开悬念，使听众的好奇心得到满足，也使前后内容互相照应，结构浑然一体。

演讲提示：

人们都有好奇的天性，一旦有了疑虑，非得探明究竟不可。在开场白中制造悬念，能激发听众的强烈兴趣和好奇心；在适当的时候解开悬念，能使听众的好奇心得到满足，也使演讲前后照应、浑然一体。

描述式，引发听众的联想

瑞士作家温克勒说：“开场白有两项任务：一是建立说者与听者的同感；二是如字义所释，打开场面，引入正题。”不得不说，任何形式的演讲，开头都是关键。在演讲开始后的几分钟或者几秒钟内，听众通常会决定是否接受演讲，是否听下去。好的演讲，往往一开头就用最简洁的语言、最经济的时间，把听众的注意力和兴奋点吸引过来，从而达到出奇制胜的效果。如何达到这一效果，方式当然多种多样，但更能引起共鸣的还是无懈可击的事实。

我们进行演讲，其目的本身就是令所陈述的观点深入人心，引发共鸣，以达到震慑人心的效果。开场白中任何技巧的运用，都不如以事实开头更能获得听者的信任与认同。

1984年5月5日，巴金先生参加了在东京召开的第47届国际笔会，大会总议题是“核时代的文学和作家的关系”。在前面几位著名的作家发言以后，巴老作了精彩的发言。开头是这样的：

在广岛原子弹爆炸十年后，一个12岁的小姑娘发了病。她相信传说，以为自己折好一千只纸鹤就能恢复健康。她躺在病床上一天天折下去，她不仅折了一千只，还多折了三百多只，但是她死了。人们为她在和平公园里建立了“千羽鹤纪念碑”，碑下挂着全国儿童送来的无数只纸鹤。我曾经取了一只用蓝色硬纸折成的鹤带回上海。我没有见过她，可是这个想活下去的小姑娘的形象，经常在我眼前出现。好像她在要求我保护她，不让死亡把她带走。倘若可能，我真愿意用我的生命换回她的幸福！

这个令人伤感的故事表达了巴金对和平的祈求，一下子就深深地打动了全场听众。接着，巴金过渡到“核时代的文学和作家的关系”这个主题上来，水到渠成，自然妥帖。

我们也应当能从这个演讲故事中吸取经验——向听者讲述一些事实，会让听者在一开始就对你产生信任。当然，选择事实要遵循这样几个原则：要短小，不然成了故事会；要有意味，促人深思；要与演讲内容有关。

那么，具体来说，我们该如何以事实为开场进行演讲呢？

1. 用令人震惊的事实开头

著名演讲教育家李燕杰在《爱情与美》的演讲中这样开场：“我不是研究爱情的，为什么会想到要讲这么一个题目呢？”然后讲了一个故事：北京一家公司的团委书记再三邀请李老师去演讲，并掏出几张纸，上面列着公司所属工厂一批自杀者的名单，其中大多数是因恋爱问题处理不好而走上绝路的。“所以，我觉得很有必要与大家谈谈这方面的问题。”

这个故事一下子把听众的注意力集中起来，使他们感到问题的严重性和紧迫性。

2. 讲述与演讲主题相关的背景知识

相对来说，演讲比一般的谈话更具权威性。如果演讲者在演讲开始时能对听众讲述与主题有关的背景知识，那么，不仅能体现出主题的重要性，更能用事实说服听者。

美国空军少将鲁弗斯·L·比拉普斯在夏努特空军基地的一次宴会上作演讲时，就对“黑人遗产周”的有关背景知识及其对美国空军的重要性作了介绍：

“我很高兴来到此地，同时我也很荣幸应邀和在座各位讨论有关美国黑人问题。为保持和增进民族间的理解，美国各大州又开始纪念‘黑人遗产周’。在这夏努特空军基地，我们庆祝它则可以对美国空军进行完整无缺的教育。我们民族的主旋律是：‘黑人历史，未来的火炬。’”

“这个已成为美国人民生活一部分的纪念活动，是弗吉尼亚州纽坎顿市卡特·G·伍德森最先提出并计划的，他现在被誉为美国‘黑人历史之父’。伍德森先生于1915年成立了‘美国黑人生活和历史协会’，后来，他又于1926年发起了‘黑人遗产周’纪念活动……”

当然，演讲者在演讲开场白中陈述事实，还有很多途径，这需要演讲者根据具体的演讲场景和主题进行论述，但无论任何陈述，都必须建立在真实可信的基础上，一切有失真实的言辞都有可能被听者识破而使得整个演讲黯然失色。

演讲提示：

以事实为开口，可以使听者从一系列触目惊心的事实中醒悟过来，造成一种“悬念”，使听者急于了解更多的情况。因此我们在发表讲话时也可以选用事实为开场白，意在引起听者的注意、赢得他们的认同。

总结式，形成首尾呼应

人们都了解开场白在演讲中的重要性，但似乎很少有人愿意在演讲结尾上雕琢更多。许多人仅仅是轻描淡写地草草收场，结果可想而知：费尽口舌发表的长篇大论很快就被人们遗忘。要想使人记忆深刻，你的结尾必须像开场一样气势磅礴，掷地有声。演讲的结束语应该简洁有力，只有这样，才能做到首尾呼应。

事实上，人们演讲，总是有一定的主题，演讲者在一段慷慨激昂的陈词之后，可以用极其精练的语言，简明扼要地对自己阐述的思想和观点作一个高度概括性的总结，以起到突出中心、强化主题、首尾呼应、画龙点睛的作用，这就是总结式结尾。

当然，首尾呼应重在结尾对开头的呼应。那么，演讲者如何才能做到首尾呼应呢?

1. 重述开头法

重复式的结尾方式是强有力的——非常清晰，并且能够在演讲厅中创造出一种节奏感，维持演讲者与听众之间的联系。对于任何一个演讲来说，这都是一种安全、自然的结尾方式。

我们可以在演讲中运用以下这些收尾话话术：

“我已经说过，同事们，你们是全公司最优秀的团队。每年，你们都以公司最优秀的员工的身份站在领奖台上，你们已经无数次向其他人展示怎样才能取得优异的成绩。我很高兴，也很荣幸能够和你们一起走向成功。”

“可见，我们必须学习一些新软件的操作方法，以便接受并掌握总部所投资的新型顾客数据库系统。”

“说实话，我们现在不得不改变我们为顾客服务的方式，为那种逐一追踪的销售模式画上一个句号，并创造一个新的系统，让我们随时了解生产线上每一个产品的情况。”

“我已经要你们接受管理方式上的转变，并祝贺与支持詹妮弗升任我们的区域销售总监。”

这虽然并不是一种别致、激动人心的结尾方式，但是，它不仅能帮助你重申演讲主题，还能帮助你巩固信心。

2. 详尽回答演讲开始时所提出的那些引人深思的问题

举个很简单的例子：

“生命是什么？生命是或起或落，飘忽不定的云吗？生命是傲然挺立，高耸入云的树吗？生命是奔流到海，不舍昼夜的河吗……”

“生活告诉我们：生命是云，为了理想奔走四方；生命是树，为了理想永远向上；生命是河，为了理想顽强执着。”

这是某次演讲的开头与结尾，开头提出问题“生命是什么”，并且用比喻、排比的句式具体化了问题。结尾部分，演讲者对开头的问题一一作了回答，使抽象的生命更加具体，并揭示了生命的真谛在于奋斗、在于坚持、在于永不言败，一问一答，首尾呼应，升华了演讲的主旨。

当然，我们演讲多半是为了起到鼓舞、震慑人心的作用，对此，你不妨在演讲开头提出一个关于演讲主题的问题，在演讲收尾时对这一问题进行细细阐述，这样前后呼应，自然能彰显演讲主题。

演讲提示：

演讲时，我们若能做到以总结的方式结尾，就能做到首尾呼应，那么，不仅照应了文章的开头，而且升华了演讲的主题。

第 / 6 / 章

演讲修辞，提升艺术水准

我们都知道，演讲考验的是一个人的口才，但我们若要达到出口不凡的效果，就必须掌握说话的技巧，而说话的技巧往往看重修辞格的运用。巧妙运用修辞手法，能够增加语言表达的艺术效果，使得干涩的语言和抽象的道理更生动、形象、鲜活，使听众理解起来更容易，也更愿意接受你的讲话内容。

善用排比句，提高演讲气势

现实生活中，我们发表演讲，目的是让自己的言语产生震慑人心的作用，让听众真正信服于我们的观点。而要做到这点，修辞手法的运用就必不可少。要知道，干涩、毫无张力的语言只会让听众昏昏欲睡。而在众多的修辞手法中，排比的运用更能达到营造语言气势的目的。

所谓排比，指的是由三个或三个以上结构相同或相似、内容相关的短语或句子排列在一起，用来加强语势、强调内容、加重感情的修辞方式。

我们来看下面一个故事：

从前，有个倒卖香烟的小贩，准备前往巴黎兜售香烟。来到巴黎后，他选择了巴黎小镇的一个集市上。在这个集市上，他滔滔不绝地大谈抽烟的好处。

正当他兴致正高时，突然间，从听众中走出来一位老人，连声招呼也不打，就走到台上非要讲一讲不可。那位小贩毫无心理准备，不禁吃了一惊。

老人在台上站定后，便大声说道："女士们，先生们，对于抽烟的好处，除了这位先生讲的以外，还有三大好处哩！我不妨讲给大家听听。"

小贩一听见老人说的这话，转惊为喜，连忙向老人道谢："谢谢您了，老先生。我看您的相貌不凡，说话动听，肯定是位学识渊博的老人，请您把抽烟的三大好处当众讲讲吧！"

老人微微一笑，立刻讲起来："第一，狗见到抽烟的人就害怕，就逃跑。"台下的人很是莫名其妙，小贩则暗暗高兴。"第二，小偷不敢到抽烟人家里去偷东西。"台下的人连连称怪，小贩则喜形于色。"第三，抽烟者永远年轻。"台下一片轰动，小贩则满面春风，得意扬扬。

然后老人把手一握，说："女士们，先生们，请安静，我还没说清楚为啥会有这样三大好处呢！"

小贩格外高兴地说：“老先生，请您快讲呀！”

“第一，在抽烟的人中驼背的多，狗一看到他们以为拾石头打它哩，它能不害怕吗？”台下的人发出了笑声，小贩则吓了一跳。“第二，抽烟的人夜里爱咳嗽，小偷以为他没有睡着，所以不敢去偷东西。”台下的人一阵大笑，小贩则大汗直冒。“第三，抽烟的人很少有长寿的，所以永远年轻。”台下的人一片哗然。

此时，大家一看，倒卖香烟的小贩不知什么时候已经溜走了。

这里，老人为了制止小贩兜售香烟的不当行为，并没有上台直接与小贩对决，而是“曲线救国”，并在说话的过程中运用了三个极妙的排比句，步步深入地对小贩的言论进行反驳，理亏的小贩能不溜走吗？

从这里，我们可以看出排比在语言运用中的作用，它能让话语整齐明朗、富于气势和节奏感，使演讲者朗朗上口、听众赏心悦目，使语气气势强劲、情感得到升华，形成强烈的表达效果。排比的种类有成分排比、分句排比、单句排比、复句排比。

我们再来看看罗斯福总统是如何运用排比修辞来演讲的：

“二战”期间，在珍珠港事件后，罗斯福在国会上发表演讲，他慷慨激昂地说：“昨天，日本对夏威夷群岛的进攻，给美国海军造成了严重损失……”“昨天，日本政府发动了对马来西亚的进攻。”“昨天，日本军队攻入了香港。”“昨天，日本军队攻陷了关岛。”“昨天，日本军队登陆菲律宾群岛。”“昨天，日本进攻了威克岛。”“昨天，日本人进攻了中途岛。”

这里，罗斯福运用了七个“昨天”进行排比，让人们看到日本军队在两日内的猖狂行为，让美国人民认识到美国所面临的危险，从而激发大家同仇敌忾的勇气和与敌人战斗的决心。

当然，演讲中，排比句的运用，也不是多多益善的，还需要注意场合与语境。具体说来，我们需要注意的是：

1. 以实际需要为出发点

你不能为了追求演讲语言的形式美而勉强去拼凑排比句，这只会造成适得其反的结果。

2. 灵活选择排比的形式

无论是词的排比、句的排比、段的排比，都是可用的形式，不必拘泥于其中一种。

3. 掌握使用的度，适可而止。

演讲提示：

演讲的语言要做到引人入胜，就必须有气势，而排比是最能提升语言气势的修辞手法。它可以让听众感受到一种气势如虹的语气力量，进而使得我们的语言更有威信。

夸张修辞，增强语言的感染力

生活中，我们常有这样的说话经历：当描绘某人又高又瘦时，人们说他像根“竹竿”；说自己穷困的时候，你可能会说“身上一毛钱都没有了”；当向医生诉说你的病情时，你说发高烧，全身就像“炭火”一样烫。人真的能高瘦得像竹竿吗？怎么可能真的一毛钱都没有呢？全身真的会有炭火那样高的温度吗？显然是言过其实了。但是，这种言过其实，在听者看来并不是虚假的，反而能让他们加深印象，这便是说话夸张的技巧。同样，在演讲中，我们也可以运用这一语言技巧。

修辞上夸张的最大特点是“言过其实”。事实上夸张修辞格不管夸张到什么程度，夸张都要在本质上符合事实或者说它需要具备这样的品质与本领——本质上符合事实，表述上言过其实。这两点明确指出了夸张这一修辞格的真正涵义。如人们读到李白“飞流直下三千尺，疑是银河落九天”的诗句时，无不会用心去体会庐山瀑布那从天而降的气势，夸张手法的运用，让这瀑布的美震撼人心。

不得不说，在演讲中，夸张能使人或事物的形象或特征更加突出，给听众的感觉也会更加强烈，从而使他们受到演讲者话语的感染而投入更多的注意力。

夸张可分为三类，即扩大夸张、缩小夸张、超前夸张。

（1）扩大夸张。故意把客观事物说得“大、多、高、强、深……”的夸张形式。例如：蜀道之难，难于上青天。

（2）缩小夸张。故意把客观事物说得“小、少、低、弱、浅……”的夸张形式。例如：一个浑身黑色的人，站在老栓面前，眼光正像两把刀，刺得老栓缩小了一半。

（3）超前夸张。在时间上把后出现的事物提前一步的夸张形式。例如：农民们都说：看见这样鲜绿的麦苗，就嗅出白面包子的香味来了。

夸张的作用：

（1）揭示本质，给人以启示。

（2）烘托气氛，增强感染力。

（3）增强联想，创造气氛。

夸张是言过其实，但为什么听者不觉得它虚假呢？因为夸张也能突出事物某一性质较合理的地方，而且它常常与比喻、比拟等技巧结合在一起使用，听话的人心里自然有数。

说话时，合理地运用夸张技巧，可以揭示事物的本质，既能加强说话的感染力，又能“启动”听者的想象力。

古人云：“俗人好奇，不奇声不用也。故誉人不增其美，则闻者不快其意；毁人不益其恶，则听者不惬于心。闻一增以为十，见百益以为千。”这句话告诫我们，演讲中，在运用夸张这一修辞手法时，需要注意：

1. 夸张虽可言过其实，但不是浮夸，不能哗众取宠，更不能无中生有、信口开河

它必须以客观事实为基础，必须反映客观事物的本质特征。它之所以言过其实而又不虚假，其奥妙就在于突显了事物的某一部分性质，不似真实而又胜似真实。

2. 要注意分寸

要让听者知道你在夸张而不是写实；不要单纯为了猎奇而强行夸张，像在作报告时或介绍经验等场合就不能随意运用夸张技巧。

总之，运用夸张的表达技巧，能起到加强语气的效果，但演讲者在运用夸张修辞时，要以客观实际为基础，在不失去真实感的前提下进行夸大或缩小，绝不能无中生有、信口开河，把事物夸得过分了。夸张也必须结合特定的目的与场合而用，在随意的场合，可以活跃气氛，增加谈话趣味；但在严肃场合，则不宜用夸张的语句。

演讲提示：

演讲时，在有表达需要的情况下，在尊重客观事实的基础上，故意言过其实，夸大或缩小人或事物的一些特征，形成强烈的对比效果，这就是夸张的修辞手法。

借用比喻，让演讲更生动形象

中国是一个语言文化知识底蕴丰厚的国家，自古以来，人们就善于将平淡无奇或晦涩难懂的语言经过修饰后变得形象生动或易于理解等。然而，不少有过演讲经历的人都抱怨：“这年头，说话难，在众人面前说话更难！”的确，那些不会说话的人，在演讲的时候，通常语言干涩无味，让人听之昏昏欲睡，更失去继续交谈的欲望。而如果我们能巧妙运用比喻的修辞手法，就能立刻让自己的表达绚丽起来。

那么，什么是比喻修辞呢？

著名文学理论家乔纳森·卡勒的定义：比喻是认知的一种基本方式，通过把一种事物看成另一种事物而认识它。也就是说找到甲事物和乙事物的共同点，发现甲事物暗含在乙事物身上不为人所熟知的特征，而对甲事物有一个不同于往常的重新认识。

例如，在莫里哀的喜剧《太太学堂》里，阿南解释人为什么“吃醋”，为什么生气时说：“我给你打个比喻，你就清楚了。你端着一碗汤，来了一个饿鬼，要喝掉你那碗汤，你不单生气，还要揍他。‘吃醋’完全跟这一样，女人确实就是男人的汤。一个男的看见别人有时候想尝尝他的汤呀，马上就大发雷霆。”

佛说法，经常妙用比喻。佛教有《百喻经》传世。可见，比喻在语言中的运用十分广泛。我们先来看下面一个演讲故事：

程龙在一家建材公司工作，他来公司不到一年，就已经升职为采购主管。在公司的年会上，他被同事们推举到讲台上讲授工作经验。

程龙明白，这种场合下，开口必须特别，才能博得满堂彩，于是，他说：“今天我们已经算幸运的了，可以在这个豪华的酒店里享用美酒美食。而平时呢，我们的情况是：出门是兔子，办事是孙子，回来是骆驼。”

在场的所有同事听完后，哈哈大笑。

很明显，我们发现，故事中的程龙在演讲时之所以能博得同事们一笑，是因为他那句颇有意蕴的比喻句——“出门是兔子，办事是孙子，回来是骆驼”。“兔子”是指出门为了抢时间赶车赶船跑得快；“孙子”是指为了买到所需货物不惜请客送礼，低头哈腰地向人家求情；“骆驼”是指回来的时候不仅要办好货物托运还要给老婆孩子买东西，负担很重。他用形象的比喻说明采购工作是个吃苦受累的活，让同事们产生了共鸣。

那么，在演讲过程中，我们该怎样运用比喻这一修辞手法呢？

1. 要充分发挥我们的想象力

张爱玲的《红玫瑰与白玫瑰》中有这样一句话：

娶了红玫瑰，久而久之，红玫瑰就变成了墙上的一抹蚊子血，白玫瑰还是“床前明月光”；娶了白玫瑰，白玫瑰就是衣服上的一粒饭渣子，红的还是心口上的一颗朱砂痣。

这里，“红玫瑰”与“白玫瑰”之间的不同，通过这一巧妙的比喻，变得显而易见。但是，如果没有异乎寻常的想象力，是无法获得这一表达效果的。

的确，有时候，我们在演讲时的语言之所以会平淡无奇，是因为我们束缚了自己的思维。而假如我们能在语言的训练中转换角度分析——比如，可以从意义方面入手，也可以从形式方面入手；可以着眼于词语，也可以着眼于句式——我们会发现，同样一句话会展现出完全不同的表达效果。比如，演讲中，我们原本想赞美某个听众年轻美丽，通常我们会说：“您皮肤真好……”而其实我们大可以转换一种说法：“我终于知道为什么人们会有‘剥了壳的鸡蛋’这一说法了，原本还以为是夸张呢，今天算是见识到了。”这里运用的就是比喻的修辞手法，这样表达，更显得动听。当然，我们表达之前，最好作一番铺垫，否则会显得唐突。

2. 灵活运用，随机应变

生活中，有些人个性害羞内向，在公共场合不敢开口，更别说灵活运用语言的艺术。同样一句话，在普通的场合和演讲场合所产生的效果是不同的，如果不能妥善运用，随机应变，仍然无法发挥比喻修辞的妙处。

另外，我们运用比喻这一修辞时，需要注意的是：

（1）喻体必须使接受方清楚，一般要常见、易懂。但在演讲中要会顺手牵羊或顺势而为，能及时从对方的信息中发现并把握机会，创造突如其来、具有想象爆发力的比喻。

（2）比喻要贴切。必须对喻体和本体的共同点作认真的分析概括。

（3）比喻要注意思想感情。感情色彩不得体，语言表达就失去了光彩。

演讲提示：

我们在表达的时候，若能正确运用比喻的修辞手法，一句干涩的语言就会顿时形象、生动起来！

妙用设问，让听众印象深刻

相信任何一个参加过演讲的人都明白，平铺直叙的演讲语言、正正经经的演讲，只会让听众觉得生硬突兀，甚至难以接受；如果我们能在说话时故意卖卖关子，那么，就能抓住听众的注意力。在修辞手法中，先提出问题再回答，就叫作设问。

设问就是明知故问，自问自答。正确地运用设问，能引人注意，启发思考；有助于层次分明，结构紧凑；可以更好地阐述人物的思想活动；能突出某些内容，使语言起波澜，有变化。

一位刑警队长向群众报告破获盗匪的经过，他开始就说："盗匪们真的都有组织吗?是的，他们大都是有组织的，但是他们怎样组织的呢……"

这位刑警队长所用的开场白，就是先告诉听众一个事实，引起听众的好奇心，使听众有兴趣听下去，希望听一听盗匪组织的真实内幕。

我们再来看下面一个演讲故事：

一个科学会议的主持人对现场在座的科学家们说："上级领导同意这次我们提出的方案，并赠给大家十六个字：严肃认真，周到细致，稳妥可靠，万无一失。"

听完主持人的话，在场的科学家一下子觉得压力很大，有的人甚至倒吸了一口气。

目光敏锐的主持人已经觉察到了科学家们的心思，便立即解释道："什么叫作'万无一失'？就是把想到的、发现的问题都解决掉，就叫万无一失。没有发现的、解决不了的，是吃一堑长一智的问题。开枪还有卡壳的时候呢，别说这个小问题了。放心吧，只要大家认真做了，出了什么问题，由领导负责，由我负责！"

通过主持人的一席话，完全解除了科学家们思想上的沉重包袱。

在主持人一番话中，我们发现，有以下几点值得推敲。首先，一开始，主持人就切中要害，抓住科学家们担心的问题，也就是“万无一失”。接着，他由此设问，以问题引路，自问自答，引出一段解释，从而清楚地消除了听者的疑问。

可见，善于设问，往往能够切中要害，更有效地解决问题，从而收到设想的效果。

设问，是一种常见的修辞手法，常用于表示强调作用。即为了强调某部分内容，故意先提出问题。所以，每一个预备当众演讲的人，都应该学习如何运用设问的修辞来增强语言的效果。在演讲中，你可以这样做：

1. 先设问再回答

设问是无疑而问，演讲者百问而百答。设问后，可以自问自答，也可只问不答。设问用得好，能引人注意、诱人思考，把谈话内容变得更加吸引人。设问是一种启发性的语言艺术。设问的另一个作用是让听众产生悬念，引起听众一种欲知究竟的愿望。

2. 设问要巧妙

你所问的问题要巧妙，要顺理成章，作好铺垫，引人入胜，最后一语道破玄机，否则就有故弄玄虚之感。这就好像相声里的“设包袱”，用跌宕起伏的情节，深深地吸引住他人，最后再“抖包袱”，起到画龙点睛的作用，让人感觉到强烈的语言效果，从而达到自己的目的。

3. 可以先只提供部分的信息，吊足对方的胃口

有时候，你对别人说了上半句话，别人就想知道下半句。如果你突然停住不说了，那么对方就有很强的好奇心，想知道后半句到底是什么。这就是一种好奇心。我们在表达观点的时候，也可以留一部分，给对方制造一种想要了解的好奇心。当这种好奇心在对方的心里不断地翻涌的时候，对方就会产生主动了解的欲望，此时，你再适时表明，对方一定会记住你的话。

当然，最重要的是，在运用这一修辞手法说话时，我们要把握整个

谈话的进程，恰到好处地把握时间的长短，这样才能给人留下难忘、美好的印象。

演讲提示：

设问是打开我们成功演讲之门的金钥匙，这种修辞手法，如果我们在演讲时能恰当利用，就能使听众产生一种听完后有所得的愉悦感，真切理解我们的意图。

对照对偶，让演讲主题更鲜明

口才在当今社会的重要性已不容分说，演讲更考验一个人的口才。然而，我们发现，一些缺乏经验的演讲者在说话时或缺乏条理或思维混乱或词不达意。其实，说话是有技巧的，它往往看重修辞格的运用，其中就包括对照和对偶。

我们首先来看对照这种修辞手法：对照，是把具有明显差异、矛盾和对立的双方安排在一起，进行对照比较的表现手法。让他人在比较中分清好坏、辨别是非。运用这种手法，有利于充分显示事物的矛盾，突出被表现事物的本质特征。

从构成的方式看，对照有反面对照、反物对照两种情形。

对照还有反差的意思，使相反或相对事物的特征或本质突现出来，更为鲜明、突出。

比如，这样说："你命好，有儿子孝顺；我呢，我得孝顺儿子。"这种语义的倒置产生了强烈的幽默效果。

鲁迅在《战士和苍蝇》一文中这样说过："有缺点的战士终究是战士，再完美的苍蝇也不过是苍蝇。"这里鲁迅把"战士"和"苍蝇"拿来比较，犀利地讽刺了那些诬蔑革命者的所谓的正人君子，表明了自己的立场——以坚定的决心支持那些投身革命的勇敢战士们。

可见，把两种不同事物或同一事物的两个不同面貌放在一起相互比较，可使事物的性质、状态和特征等更加突显，并且鲜明地表现出说话人的立场和观点。

对偶则是在不同的领域有着不同的诠释：成对使用的两个文句“字数相等，结构、词性大体相同，意思相关”，这种对称的语言方式，形成表达形式上的整齐和谐和内容上的相互映衬，具有独特的艺术效果。

对偶以它严谨、对称的结构以及语音抑扬顿挫的美感，使我们的讲话内容产生一种引人注意、发人思考的力量。

说话中，如用对偶句或对偶式的标题，或用对偶式的段落表达富有哲理的内容，可增强语言的力量，因而对偶的形式可以有效地显示内容的辩证法则与逻辑力量。如《生活采思录·时间篇》的结尾是这样的：

“李大钊说得好：‘今天是生活，今天是动力，今天是行为，今天是创作’。”

“不要为昨天而叹息，我们要笑着向昨天告别。”

“不要空唱‘明日歌”，我们要把今天作为飞向明天的跳板。”

“昨天是今天的昨天，明天是今天的明天。所以，一天就是三天，这是一个生活的真谛，我们要善于把一天当作三天过！”

“在对今天的思考中，我们要记住这个时间的辩证法。”

其中“昨天是今天的昨天，明天是今天的明天”这一对偶句富有哲理性，又有整齐而对称的音节，听众可以从这样的表达中受到“义”的启迪，且获得“声”的愉悦。

当然，任何一种说话的技巧都是在长时间的说话过程中逐渐形成的，往往具有相当大的威力。

总之，公共场合参与演讲，要想让公众接受你的观点，就要有驾驭语言艺术的能力；否则，对方即使理解你的意思，也会轻视你的水平。说不定他的内心已经同意你的想法，而表面上却与你争论不休。对照和对偶的策略是很有效的，通过比较，能凸显出我们演讲观点的正确性，进而让听众认同。

演讲提示：

演讲中，懂得运用对照和对偶的修辞技巧，能让听众更轻松地理解你的观点，会让你平淡无奇的语言顿时趣味横生，进而让你迅速提升演讲语言的魅力！

引用数据，让演讲更具说服力

从某种意义上说，我们参加演讲的目的就在于让听众接受自己的观点。但事实上，听众也不会凭空接受演讲所说的所有观点。对此，一些人喜欢采用一些华丽辞藻进行描述，而给人的印象却是华而不实，令人生疑。因为这些说服的语言毫无根据，完全站不住脚。相反，如果你能在话语中加入一些可信的数字，就会提高话语的含金量，让人感到信服。

卡耐基的一次经历，可以说是用数字说话的一个典范。他是这样说服一家旅馆经理打消增加租金的念头的。

卡耐基每季度都要花费1000美元在纽约的某家大旅馆租用大礼堂20个晚上，用以讲授社交训练课程。

有一季度，卡耐基刚开始授课时，忽然接到通知，旅馆经理要他付比原来多 3 倍的租金。而这个消息到来以前，入场券已经发出去了，其他准备开课的事宜都已办妥。怎样才能交涉成功呢？经过仔细考虑，两天以后，卡耐基去找经理。

卡耐基对经理说：“我接到你的通知时，有点震惊。不过这不怪你。假如我处在你的地位，或许也会写出同样的通知。你是这家旅馆的经理，你的责任是让旅馆尽可能多地盈利。你不这么做的话，你的经理职位很难保住。假如你坚持要增加租金，那么让我们来合计一下，这样对你有利还是不利。”

“先讲有利的一面，”卡耐基说，“大礼堂不出租给讲课的而是出租给办舞会、晚会的，那你可以获大利了。因为举行这类活动的时间不长，每天一次，每次可以付200美元，20晚就是4000美元。哦！租给我，显然你吃大亏了。

“现在，来考虑一下‘不利’的一面。首先，你增加我的租金，也是降低了收入。因为实际上你等于把我撵跑了。由于我付不起你所要的租金，我势必再找别的地方举办训练班。

“还有一个对你不利的事实。这个训练班将吸引成千的有文化、受过教育的中上层管理人员到你的旅馆来听课，对你来说，这难道不是起了不花钱的广告作用吗？事实上，假如你花5000美元在报纸上登广告，你也不可能邀请到这么多此等身份、地位的人亲自到你的旅馆来参观，可我的训练班给你邀请来了。这难道不合算吗？”讲完后，卡耐基告辞了，“请仔细考虑后再答复我。”当然，最后经理让步了。

人们对于权威语言和数字似乎更能产生信任感，卡耐基之所以获得成功，只是因为他站在经理的角度想问题，把增加租金与保持租金不变的好处用数字一个个清楚地表达出来而已。

同样，在演讲过程中，我们也可以运用这一方法来增强语言的可信度。从卡耐基的这一次经历中，我们也可以看出，在向听众阐述观点时，听众是心存疑虑的，此时，数字语言就能派上用场了。

为什么数字能提高语言的可信度？从心理学的角度分析，那些空洞的语言表达的往往是主观的想法，会让听者觉得查无实据；而具体的数字则可以提供难以质疑的具体证据。比如，在向用人单位证明自己的实力时，同简单表示“提高了生产能力”的应聘者相比，一个在“7个月内将工厂产量提高15.6%”的人无疑会令面试官印象更加深刻。

那么，我们该怎样将数字运用到演讲语言中呢？

1. 数据的真实性和准确性

我们运用数字说话，就是希望让听众接受我们的观点，但如果数字本身的可信度有问题，如数字不准确或者虚假、夸张等，就会使你面临信任危机，因为，一旦听众发现这些数据本身有问题，就会对你产生质疑，那么，运用数字说服这一策略就只能起到反作用了。

2. 仅仅罗列数据是不够的

精确数据的使用，当然会为你的话语增加可信度，但一味地罗列数据会让听众找不到重心，也会让听众以为你在故作玄虚，乃至对你产生厌恶感。所以，使用数据是有一定的原则的：

（1）合适的时机。要想让你的数据说明具有更强劲的说服力，你首先要挑选合适的时机，如在发现听众对你的话产生怀疑时。

（2）度的把握。演讲的时候，还要注重适度运用精确数据来说明问题，要懂得适可而止，不要随意滥用。

（3）数据的更新。另外，值得注重的是，很多数据是随着时间和环境的改变不断发生改变的。因此，在使用某些数据时，要保证它是最新的。

演讲提示：

列出具体数据是增加话语可信度的重要方法，空有华丽的辞藻是无法吸引人的。记住，要证明你的观点，你就要学会用数字说话。

列举事实，充实演讲内容

相信任何一个有过演讲经历的人都明白，有时候，向听众传达一些观点，如果纯粹从理论上来说明，用口号来呼吁，不但很困难，而且会让听众感觉枯燥无味。而如果通过举一些事例来引证，则既能有效地阐述观点、说明道理，让听众信服；又能让讲话内容充实、形式活泼，让听众感兴趣。

美国南北战争结束后，有一个叫约翰·爱伦的普通人和一个在南北战争中的著名英雄陶克将军竞选国会议员。陶克在竞选演讲即将结束时，还说了几句很带感情色彩的话：

“诸位同胞们，记得17年前(南北战争时)的今天，我曾带兵在一座山上与敌人激战，经过激烈的血战后，我在山上的树丛里睡了一个晚上。如果大家没有忘记那次艰苦卓绝的战斗，请在选举中，也不要忘记那吃尽苦头、风餐露宿造就伟大战功的人。”

这话应该说是很精彩的，许多听众都认为爱伦必输无疑了。然而，爱伦不慌不忙，说了几句很轻松的话，便扳回了败局。他是这样说的：

“同胞们，陶克将军说得不错，他确实在那次战争中立下奇功。我当时是他手下的一个无名小卒，替他出生入死、冲锋陷阵。这还不算，当他在树丛中安睡时，我还携带了武器，站在荒野上，饱尝寒风冷露的滋味儿，来保护他。”

这话比陶克说得更高明了。因为听众中许多人是南北战争时的普通士兵，所以，爱伦的话更容易激起这些人的共鸣。于是，爱伦击败了陶克，胜利地跨进了国会大厅。

为什么爱伦的话引起了听众的共鸣？为什么爱伦能击败陶克？因为爱伦拥有和这些听众同样的经历，所以，当他将这些事实拿出来与听众共同分享的时候，就显得更有信服力，更容易打动听众。

有人讲了这样一段话：“同志们，在改革的过程中，我们一定要旗帜鲜明地肯定那些应该肯定的事物，坚决否定那些应该否定的事物。我们不能只知道肯定应该肯定的事物，而不知道否定那些应该否定的事物；也不能只知道否定那些应该否定的事物，而不知道肯定那些应该肯定的事物；更不能够肯定了应该否定的事物，而否定了应该肯定的事物。我的讲话完了。”

这个讲话，等于没讲，毫无意义可言。的确，现实工作中，一些人总是说空话、说套话，甚至说假话。于是说者滔滔，费尽口舌；听者恹恹，苦不堪言。

演讲，一言一语都必须具有可靠性，这样才能有说服力。一段话，即使讲得非常精彩、非常有趣，但只要有一处被怀疑，讲话效果就会大打折扣。

那么，我们在演讲时，该如何摆事实，以获得听众的信服呢?

1. 多收集材料，把握材料

真实性要求材料必须来自于生活，是客观存在的，具有普遍意义；材料的准确性则要求讲话者自己对材料是有把握的，不能用模糊的言语，让人不敢确定。

我们讲话要有深度，除了要有深刻的见解，还要有充分的理由，讲道理与摆事实缺一不可。充分的事实捏造不出、假设不出，因此，这就要求这事实必须建立在广泛的调查研究上，建立在平时的丰富积累上。听得多了、看得多了，想问题、讲话就容易贴近生活、贴近实际，讲话的时候才能信手拈来，才不至于有“书到用时方恨少”的感慨。

2. 讲话严谨有致、语言流畅

我们讲话时，要有气势，这并不是指要声音大、语速快、滔滔不绝如河水汹涌，也不是指非要盛气凌人，以压倒对方为目的地抢话。讲话要有气势，需要做到：

首先是要语言流畅，我们在讲话过程中，要把所要表达的问题以一种非常有逻辑性的语言表达出来。

其次在于严谨有致，前后内容丝丝入扣，不要有太多的破绽，不要出现前后矛盾之处。

一个讲话既流畅又严谨的人说出来的话，即使语速不快、声调不高，也能形成一种娓娓道来、引人入胜的美好感觉，从而形成气势。要做到讲话的流畅与严谨，是需要下一番功夫的。首先，需要讲话者有良好的知识素养，能够比较快速地寻找到话语材料；其次，需要讲话者在讲话之前能对即将要讲的内容有精心的准备；最后，还需要讲话者在讲话的过程中有敏捷的反应能力，能及时填补讲话的漏洞。

另外，演讲时，我们引用事例要避免一个误区：事例所体现的观点与演讲主题不相关或矛盾。这样的事例，非但不能论证观点，反而会让演讲者陷入尴尬的境地。

演讲提示：

语言的漏洞少是说服力的一个基础，演讲者要从根本上说服听众，就要学会引用事例，这样，讲出来的话才会具有权威性，才能使听者不能不信！

第 / 7 / 章

演讲气氛，提高互动能力

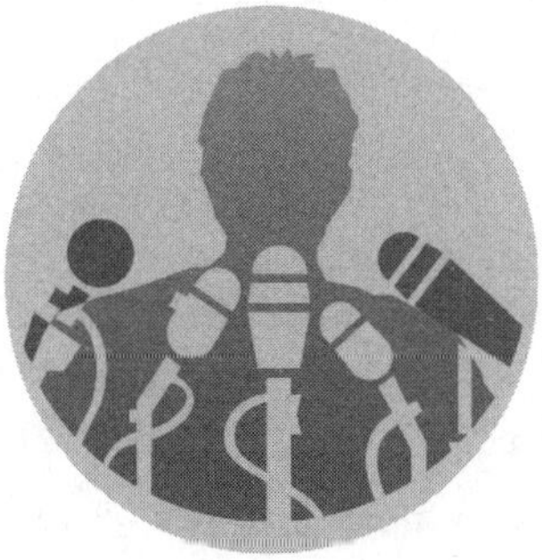

相信任何一个演讲者都希望自己的演讲获得听众的认可、获得一个满堂彩。要做到这一点，你就不能唱独角戏，而应该学会调动听众的兴致，让听众积极参与到演讲中去，以潜移默化地让听众接受你的思想和观点，从而使得自己的演讲在“掌声”中进行。

听众喜欢什么，你就讲什么

演讲中，可以说，一个好的主题是让听众感兴趣、继续听下去的前提。这就如同好的话题是人际交谈中深入与人谈话的基础，是令人敞开心扉纵情交谈的开端。因此，在具体地选择话题时，要了解谈话的对象喜欢什么样子的话题。只有话题让对方感兴趣，谈话才能有继续下去的可能。

同样，演讲中，我们也要考虑听众的需求。你可以想象一下，如果你自己是听众，你在听别人演讲的时候会做些什么呢？有时认真听，有时会开小差。或许，我们会被迫去参加演讲会，但没有人能够迫使一个人听演讲，除非听演讲的人自己愿意听。

任何一场演讲，都包括两个信息——演讲者所传达的信息和听众接受的信息。在我们演讲的时候，即使听众在认真听，也并不代表他们接受了所有信息。这是为什么呢？因为人都是以自我为中心的，都会把注意力放到自己关心的话题和一些有意义的信息上。

《庄子·秋水》中讲了这么一个故事：

庄子和惠施在濠水的一座桥梁上散步，庄子看着河中的鱼儿说："鱼儿在水里自由地游来游去，它们真快乐呀！"

惠施反驳说："你又不是鱼，怎么能够知道鱼儿的快乐呀？"

庄子说："你又不是我，你怎么知道我不知道鱼儿的快乐呢？"

惠施哑口无言。

庄子是十分机智的，他的话不多，却抓住了对方言语中的漏洞，用短短的一句话就让惠施哑口无言了，同时也给自以为很聪明的惠施一记当头棒喝。

从这个故事中，我们可以读懂一个道理，人的性格、身份、年龄不同，在看待问题上的着眼点也不尽相同，这就要求我们在说话的过程中注意对方的兴趣所在，抛开一些没有实际作用的大道理，用对方感兴趣的话去调动他的激情，这样就会起到事半功倍的效果。

因此，要想掌握好的演讲技巧，就必须作好听众的需求分析。这里，我们需要考虑的几点是：

1. 听众的爱好

假如你喜欢军事，而听众群体是摄影爱好人士，你和听众大谈军事，听众却对军事一窍不通，就等于是对牛弹琴。你津津有味地说了半天，结果发现听众根本听不懂，你的心情不会好，听众的心情同样也不会好。这就注定了你的演讲是失败的。

2. 听众的职业

假如你今天要做的是一场针对销售员的演讲，那么，听众的需求便是学习销售技巧，听众的立意则是聆听你所传达的实用技巧并将其运用到具体的销售过程中，最终达到增加销售业绩的目的。而同时，他们也希望获得老板和同事的认同，如果你能考虑这点，那毫无疑问是最成功的演讲。

3. 听众的年龄

在设计演讲稿的时候，你就要将听众的年龄考虑在内，一般而言，那些年纪稍大的人可能更爱面子，他们会因为害怕答错而不愿意与你配合，在演讲这样的场合，他们一般会选择沉默。

4. 听众的文化程度

在你的听众群体中，如果同时存在初中生和本科生，那么，你要明白，他们希望从你的演讲中获得的信息是不同的，在设计演讲稿的时候，你就要将大多数听者考虑在内，甚至可以在演讲前把这个观点告诉听众，以免引起误解。

5. 听众的意愿

演讲者要明白台下听众的意愿，这很重要。有些听众是自愿来听演讲的，而有些听众是被强制来听的，有些听众是抱着试试听的态度，有些听众是很想从演讲中学到知识的，还有些听众是未听过演讲来凑热闹的……面对这些不同态度的听众，我们需要做好应对的准备和预案。

总之，我们需要掌握听众已经知道、相信和关心的东西。人们只能够以自己的经验来理解事物，因此，不管是演讲还是和别人沟通，我们必须深入了解他人的需求，这样才能掌握好的演讲技巧，取得好的演讲效果。

演讲提示：

了解听众的需求是作好演讲的前提，现代社会的演讲要求演讲者不能再以自我为中心。无论是收集材料、撰写演讲稿还是预讲，演讲者都要考虑大多数人的需求，考虑他们的兴趣，满足他们深层次的心理动机；否则，你的演讲就会变成自说自话，最终变成一个人的舞台和独角戏，而无法引起台下的共鸣。

作好演讲铺垫和互动

我们都知道，听众是演讲活动不可缺少的重要方面。演讲是演讲者与听众的双向交流活动。演讲者是信息的传播者，听众是信息的接受者。演讲者离开了听众就失去了对象，演讲活动就无法进行。可见，成功的演讲者既要使演讲成为听众的一部分，也要使听众成为他的演讲的一部分。而其中首要的，便是要了解和掌握听众的心理特点。

一般来说，如果听众对演讲内容有极大兴趣，便会采取积极、热情的合作态度；反之，则会采取冷漠甚至敌视的态度，演讲就不会成功。因此，演讲者必须在了解听众的基础上力求触发听众的兴奋点和创造欲，这样才能实现最终目的。而成功的演讲者在演讲前往往都会进行一番铺垫，与听众互动，以营造让听众乐于倾听的氛围。

在一次欢迎加拿大贵宾的宴会上，加拿大总理特鲁多致辞说：

“昨天我观赏了香山枫叶，这使我想起了我们国家美丽的秋天。那枫叶也是我国秋天的美景，大家知道，枫叶还是加拿大国旗上的图案。我请大家尝尝宴会上的糖果，它是从枫叶中提炼出来的，是不是和北京东安市场上的果脯一样甜蜜？”

这样的讲话开头典雅、优美，尤其注意到以两国相通的事物来沟通演讲者和听众的情感，具有沁人心脾的最佳效果。

可见，营造良好的演讲氛围，可以带动听众的积极性。这里讲的“气氛”，就是要带动听众的情绪，和听众达到一种情感的共鸣。这里的气氛，可以是活泼的、可以是热烈的、可以是庄严的……那么怎样营造这种氛围呢？

1. 酝酿浓厚情感，以情动人

曾经，有名希望工程的发起者到北京某贵族学校演讲。还没等他开讲，台下这帮养尊处优的孩子们便叽叽喳喳地吵成一片，乱成一锅粥。

此时，他见情形不妙，便大声喊了几句，但这种方法似乎根本不见效。于是，他叫来一个在现场的老师，将电闸关掉，礼堂突然漆黑一片，孩子们也随之安静了下来。

这时候，这位发起者啪的一声打开了幻灯机，银幕上顿时出现了那张有名的“大眼睛”照片。这些孩子们顿时也睁大了眼睛，看着幻灯片上的照片。

“同学们，你们家里有没有照相机啊？”发起者此时突然提问道。

“有！”下面齐声回答。

“你们会不会照相？”

“会！”

这时，发起者便指着下面的一位同学问：“请你说说看，照相有什么样的意义？”

“留着作个纪念呀。”

“好！作为留念——那就请大家看看，老师给这些山里孩子们拍的留念照片吧！”

然后，他每放映一张照片，就介绍一个有关失学儿童的故事。

在这里，这位演讲者，就是利用讲述照片来历的故事的方式，既抓住了同学们的注意力，又营造出一种与演讲内容相适应的肃然气氛，使同学们很快进入“规定情景”之中，激发了他们对贫困学生的关注和同情心。

当然，以情动人除了要求说话人自己要动真情之外，还要求说话人善于将自己的真情实感淋漓尽致地表达出来，以迅速激起对方的共鸣。说话人必须善于体察对方的心境，用饱含浓情的言辞去拨动对方的心弦。

2. 敢于打破定式，善于标新立异

人都是有好奇心的，如果在演讲中加入一些能满足人们好奇心的因素，那么，势必能营造出良好的演讲氛围。为此，你需要做到打破常规，标新立异，但前提是你需要尊重文化传统和思维习惯。

3. 给听众看一场“秀”，营造出亲切可信的气氛

生活中，我们经常会看到一些减肥产品的宣传者当众说：“眼前站在你们面前的这个美女，她才45公斤，但你们知道吗，她曾经是个重达65公斤的‘圆球’！假若有人需要减肥，其实是一定办得到的。相信你们也一定能行！”

此话一出，听众肯定会翘首以待他的“减肥真经”。可见，有时候，演讲的真正含义，并不完全在“讲”，还在于“演”。如果能给观众一场秀，与客户互动，就会给听众以亲切、真实、可信之感。调动起听众的热情，自然能增强演讲的感染力。

演讲提示：

演讲中，有一种策略叫“营造气氛”。演讲者要“营造气氛”，让听众跟随你的意志走，只有从主题出发，结合现场的具体情景，针对听众此时此刻的心态和情绪，灵活地调动种种语言手段，才能达到如此效果！

适当自我暴露，拉近与听众距离

现实生活中，我们发现，几乎人人都有几个可以互诉衷肠的知心朋友。人与人之间为什么会由陌生人到朋友？因为情感的共鸣！同样，在演讲中，我们要想得到听众的配合，也应该在与听众拉近心理距离这一问题上作努力。

从心理学的角度看，人际关系的疏近，是与其交谈的话题有一定的关系的。关系越密切，所谈话题越个人化、私密化。而交谈之初，交往双方往往是互存芥蒂之心的，而这对于整个交流无疑也是毫无益处的。此时，如果我们能主动跨出交往的第一步，向对方透露自己的一些私事，那么便能给对方一个心理暗示：我们之间关系很好，你可以向我倾诉你的心事。

对于演讲这 人类沟通的高级形式来说，我们需要明白的是，并不是隐藏得越深越好，在演讲中偶尔说点自己的私事，是能帮助我们拉近与听众的心理距离的。

美国有位总统，在庆祝自己连任时开放白宫，与一百多个小朋友亲切“会谈”。

10岁的约翰问总统，小时候哪一门功课最糟糕，是不是也挨老师的批评。总统告诉他：“我的品德课不怎么好，因为我特别爱讲话，常常干扰别人学习。老师当然是要经常批评的。”他的回答，使现场气氛非常活跃。

有一位叫玛丽的女孩，她来自芝加哥的一个贫民区。她对总统说，她每天上学都很害怕，因为她不知道会发生什么事情，害怕路上遇到坏人。

此时，总统收起笑容，严肃沉重地说：“我知道现在小朋友过的日子不是特别如意，因为有关毒品、枪支和绑架的问题政府处理得不理想。我希望你好好学习，将来有机会参与到国家的正义事业之中。也只有我们联合起来和坏人作斗争，我们的生活才会更美好。”

这位总统为什么能紧紧抓住小朋友的心，使小朋友的心里面认为总统和他们是好朋友？人们都喜欢和与自己有共同爱好、兴趣的人交往，而对于那些与自己“志不同道不合”的人，则会退避三舍。总统向小朋友们透露出了自己小时候的一些“秘密”：“我的品德课不怎么好，因为我特别爱讲话，常常干扰别人学习。老师当然是要经常批评的。”这让他们感到，原来总统也和自己一样，也不是十全十美的人，因此愿意和总统交流。此时，即使场外的大人们看到这样的对话场面，也会感到总统是一个亲切的人。

无疑，只有能带动听众热情的演讲才是成功的演讲。在演讲中，和听众拉关系的方法有很多种，其中就包括诉说自己的私事。只有这样才更容易获得听众信任。相反，那些“趋于完美”“毫无瑕疵”的完美主义者，似乎总是“曲高和寡”，并没有多少人愿意亲近他们。

具体来说，我们可以做到：

1. 适度自曝其短

比如，你可以偶尔提及自己曾经失败的事，这比谈自己成功的事更易拉近彼此间的距离。因为老是炫耀自己成功的光荣事情容易让听众产生反感，进而留下不好的印象。这样，我们就不必故意犯错，而且，因为首先在态度上我们已经示弱并表示了友好，听众没有不接受的道理。

暴露自己，要达到让对方产生如“这个人有点小缺点，但是其他方面挑不出毛病来，是个相当不错的人”之类的想法这一效果。如此一来，听众对于你的演讲观点也就更容易接受了。

2. 把握说私事的程度

提倡“自我暴露”，并不是让你把自己的“老底”都揭给听众看或者“暴露无遗”。我们不妨选择暴露那些不会影响到整体形象的“小事件”或者“小缺点”“小毛病”等，正因为这些小瑕疵的存在，我们会显得更真实、更可爱。

总之，学会以上这一暴露自己的小技巧，会更容易打动听众、获得他们的认可。

演讲提示：

不少演讲者虽然优秀，但不可爱，会让人产生一种敬畏和猜疑心理。对于那些表现得十分完美的人，人们往往敬而远之；而相反，适度暴露“秘密”和缺陷，可以赢得听众关注。

多说听众想听的，激发共鸣感

可能所有演讲者都希望自己在说话时能获得听众的认可和参与，但任何人都不会支持那些与自己站在对立立场上的人，因此，我们首先要考虑的一点是一定要站在听众的立场说话。可以说，演讲场合，一个人最致命的弱点就是在说话的时候信口开河、不加考虑。然而，生活中，这样的人大有人在，他们往往只顾表达自己的想法，寻找话语倾泻之后的快感，追求“一吐为快”，却不考虑听众的立场、观念和性格感受，以致引起听众的逆反情绪。

可见，无论你的演讲目的是什么，那些不经过大脑脱口而出的话，往往会让听众难以接受。

赛珍珠是美国著名的女作家，第二次世界大战期间，她发表过一个对中国人民的广播演讲，这篇演讲深深地打动了每一个中国人的心。

她在演讲中这样说道：“我今天说话不完全站在一个美国人的立场，因为我也是一个中国人。我一生的大半时间，都是在中国度过的。我生下3个月，就被父母带到中国去了。我开口说话的时候，又是先说的中国话。我小时候跟着父母，并没有住过什么通商大埠。十数年间，我们到的地方是浙江、江苏、江西、湖南、安徽、山东各省的小城市、小村庄，清江浦、镇江、丹阳、岳州、蚌埠、徐州、南宿州……这些地方，是我最熟识的。可是我最爱的，是中国的农田乡村。之后我长大了，又在南京住了

17年。我曾亲眼看见南京在几年之内由一个古旧的城市变成一个新式的首都。但是，无论我住在什么地方，我与中国人相处，都亲如同胞。因为，小的时候，我的游伴是中国孩子；成人以后，来往的又是中国的朋友们。现在我人虽已归故国，心中却没有忘掉旧日的朋友。所以今天我要以这两种身份说话。我既在中国长大成人，又在美国住了多年，受了双方的教育，有了双方的经验，我觉得我是属于两个国家的。”

在这篇演讲中，假如赛珍珠站在一个美国公民的立场上，哪怕所讲内容再精彩，恐怕也不会打动中国人的心。毕竟，人们对于大洋彼岸的美国是十分陌生的。按照惯例来说，赛珍珠应该在演讲之中讲些“亲爱的中国朋友们”之类的话，但是那样只会让人觉得她那是一种客套性的虚伪，根本不可能激起中国人民对她的认同。赛珍珠在演讲之中一再提起中国人所熟悉的城市名字，多次强调对中国的特殊感情，强调和中国人的亲密关系，这样一来，在中国人的眼中，赛珍珠就不再是一个所谓的外国友人，而变成了一个和自己一起经历风雨的同路人，亲切感也就油然而生了。

可见，演讲中，有时候仅仅依靠寻找听众感兴趣的话题是不够的，要想真正赢得听众的认同，一定要学会站在听众的立场说话。为此，你需要做到：

1. 讲话要有耐心

耐心地演讲，不仅有利于听众听懂你的意见，更能让你慢条斯理地理清思绪。生活中，不少人因为没有花时间系统地质疑自己的先入之见而身陷糟糕的演讲中。心理学家把这种急切的心态称为“确认陷阱”——他们没有去寻找支持自己想法的证据，同时又忽视了那些能证明相反意见的证据。

2. 演讲中多与听众沟通

向听众询问意见，能带动听众认真倾听你的演讲。尤其是当听众默不作声或不愿意参与互动的时候，可用询问行为引出对方真正的想法，了解对方的立场以及对方的需求、愿望、意见与感受，并且运用积极倾听的方式，来诱导对方发表意见，进而对你产生好感。

总之，演讲中的说话绝不是嘴唇上下碰撞的简单动作，而是一个人综合素质的体现，因此，我们在说话之前，一定要进行充分的考虑，了解哪些话应该说、哪些话不该说，怎样说话才是站在听众的立场上。

演讲提示：

演讲中，我们应当把自己和听众所处的位置关系交换一下，站在听众的立场上，以听众的思维方式或思考角度来考虑问题和说话。你多为听众考虑，听众便会觉得你在为他着想，自然会臣服于你的真情实意。

安排好自己的控场时间

生活中的人们，你是否有这样的经历：公司组织听一场演讲会，刚开始，你还觉得演讲者说的话比较有趣，你饶有兴致地听着；半个小时过去了，他依然在重复自己的观点，你的注意力开始分散了；又过了一个小时，你开始不耐烦了，而你发现，周围的同事好像也开始打瞌睡，有的人甚至已经开始离场，而演讲者还在喋喋不休地说着……很明显，这场演讲是失败的。而它失败的一个重要原因就是演讲者太啰唆、没把控好演讲时间。

事实上，控制好演讲时间是一项重要的内容。但是，在向听众阐述观点的时候，我们又不可能一直不停地看表，因此，不少演讲新手会发出疑问：到底该怎样掌控演讲时间呢？答案就是事先排练，根据排练的时间来安排自己的控场时间。具体来说，我们可以这样做：

1. 归纳总结你要讲的要点

要点不明确，就会导致你在演讲的时候不着边际，听众抓不到演讲内容，自然会不耐烦，时间也就浪费了。

事实上，除此之外，总结演讲要点，也有助于我们应付意外情况。比如，在演讲开始了一段时间后，你却突然被通知，演讲时间由45分钟被缩短至20分钟，此时如何是好？如果你已经明了演讲的要点，那么，你便能将大致观点传达给观众，以达到自己的演讲目的。

2. 掌握演讲各部分所占的时间比例

大部分演讲都可以划分为开场白、主要内容和结尾，一般情况下，主要内容应该占发言时间的75%。那么，现在来回想一下，你的开场白是否花的时间太久而影响到主要观点的表述？

合理分配演讲各个部分的时间可以帮助你机动地调整整个演讲内容。比如，你原本打算花五分钟时间去讲清楚第一个要点，但听众的热情让你不得不延迟三分钟，这样一来，你就得在第二和第三要点上省出三分钟的时间了。

另外，你还应该把细节问题考虑进去，比如，每个细小的部分所应该占用的时间。你甚至可以在演讲稿中进行记录，例如，你可以在开场白部分的右下方标记“2分钟”，在第一个要点后标记“5分钟”，在第二个要点后标记“8分钟”等。

3. 删除一些不必要的细节

无论你要谈论的主题多么复杂，你都绝不能拖拖拉拉、找不到重点，而应该化繁就简，把它压缩成一段在时间上短得多的演讲。因为听众的时间都是宝贵的，谁也不想听你啰唆。

4. 控制你的说话语速

这一问题在那些演讲新手身上出现得比较多，他们在演讲时语速过快，以致很多重要的地方得不到澄清。演讲排练越接近实际情况，对时间估计的误差越小。

5. 适当看表

有些人对时间的估计非常精确，不需要外在的提示。如果你不太善于估计时间（我们大部分人都没有这种能力），那么就要坦然地把自己的手表摘下来放在自己看得到的地方，或者请听众席上的同事到时候向你发出信号，但是要避免过于依赖钟表。

你可以把开始和结束的时间记下来。手表指针的运动会给你一种压力，让你不太自然。如果手表的节奏使你觉得自己讲得太慢，那么你就可能会在最后一部分把速度加快一倍；或者相反的情况，把自己的语速放慢，用使人昏昏欲睡的口吻把句子拖得很长。如果能够为每个部分的讲话定时，会对演讲时间的控制大有帮助。

事实上，有经验的演讲者始终明白演讲的每个部分各占多长时间。即使演讲时间已经在总体上控制得非常好，他们仍然希望再把时间分割得更加细致一些。掌握时间的长短有助于随时进行调整，这是演讲过程中经常出现的情况。

演讲提示：

无论你的演讲有多精彩，要记住听众注意力维持的时间跨度是有限的，因此，我们最好学会如何控制演讲时间，并在有限的时间将自己的想法和观点以最深刻的语言传达给听众，以达到我们的演讲目的。

演讲中多融入逸闻趣事

相信有不少演讲者遇到过这样的场景：当你卖力地向听众传达观点的时候，却造成了冷清的场面，听众似乎并不买你的账。此时，该怎么办？要知道，演讲并不是单向的传输观点，而是沟通，只有带动听众兴致和情绪的演讲才是成功的演讲。此时，如果你能说一些逸闻趣事，是能让演讲气氛迅速融洽起来的。

的确，人都有猎奇心理，枯燥的语言只会让听众昏昏欲睡，而那些逸闻趣事则能满足人们的这一心理，能激发出听众参与演讲的兴趣。

孙中山先生曾在广州大学作过演讲，当时，来听演讲的人很多，教室通风口不够，空气很差，所以有些人精神较差，显得比较疲倦。孙中山先生看到这种情况，为了提起听众的精神，改善一下场内的气氛，于是巧妙地讲了一个故事：

“小时候在香港读书，有一天，我在码头看到一个搬运工人买了张马票，但好像没地方放，只好放在平时自己寸步不离的竹竿里，顺便记下了马票的号码。”

“他没想到的是，他真的中奖了，还是头奖。他高兴得手舞足蹈，然后竟然将手上的竹竿扔到大海里了，因为他再也不需要靠这支竹竿讨生活了。当兴奋劲过去了之后，他才发现兑奖是要票的，这才想起马票放在竹竿里，便拼命跑到海边去，可是连竹竿影子也没有了。”

讲完这个故事，听众当中议论纷纷，笑声、叹息声四起，于是，会场的气氛活跃了，听众的精神振奋了。孙中山先生抓住时机，紧接着说，“对于我和大家，民族主义这根竹杠，千万不要丢啊！”很自然地又回到原有话题的轨道上。

故事中，孙中山就很善于调动听众的情绪，当大家昏昏欲睡时，他通过一个巧妙的故事，将大家的关注点重新带到他要演讲的问题——民族主义上。

可见，小故事是有效调动听众情绪的良方。逸闻趣事是人们在生活中津津乐道的闲谈资料，生活中的许多情趣即由此而来。

演讲者抓住人们渴望趣味的视听倾向，恰当而又适时地讲述一些逸闻趣事，会使混乱或呆板的演讲现场马上活跃起来，听众的注意力也将被迅速地集中到演讲内容上。这时演讲者仍要回到原有话题的轨道，而效果则会理想得多。如果是双向交流，话题的变换就是不定的，可根据现场情况随时进行。

相反，如果我们不懂得观察演讲氛围，乱说一气，可能就会闹得不欢而散。我们再来看下面一个小故事：

有一个人请客，眼看着时间过了，一大半的人还没来，大家都等得焦急。主人心里也很焦急，便说：“怎么搞的，该来的客人还没来？”一些敏感的客人听了心想：“该来的没来，那我们是不该来的了？”于是悄悄地走了。主人一看，又走了几位好友，越发急了，便说：“怎么这些不该走的客人走了呢？”剩下的人一想：“走的是不该走的，那我们剩下的便是该走的了。”于是又都走了。最后只剩下一个跟主人比较亲近的朋友，看了这种局面，就劝他说：“你说话前应考虑再三，一旦说错了，就不容易收回来。”主人大叫冤枉，急忙解释说：“我并不是叫他们走啊！”朋友一听，心想：“不是叫他们走，就是叫我走了。”于是也走了。

在这个寓言小故事中，主人公本是想活跃一下现场气氛，打破场上的尴尬和沉寂，在开场时却不得要领，让在座的客人认为自己是“该走的”而相继离开。

实际上，即便是那些逸闻趣事，也不能随便说，我们要考虑到听众的个体情况，尽量说那些大家都能接受的事，否则只能适得其反，让听众产生厌烦的情绪。

演讲提示：

听众对千篇一律、枯燥无味的演讲是没有兴趣的，演讲者若想调动听众的兴趣，可以说一些逸闻趣事，将现场的气氛烘托起来。

提好问题，让听众积极参与其中

我们都知道，任何交流形式都是相互的，演讲中，与听众的互动也是如此。有些人在演讲中如鱼得水、尽得听众掌声；而有些人却被听众冷落、一个人唱独角戏，两者的境遇差别如此之大，其中一个重要原因就是听众对后者的话不感兴趣。一个真正的演讲高手总是能营造出愉快的沟通氛围，而其实，这与他善于以提问来挖掘听众的兴趣有关，听众一旦愿意听他说话，便会认同他、接受他。但事实上，提问也并非一件易事，因为只有我们的提问发挥积极的作用，对方才愿意回答。而这就要求我们多提积极的、开放的问题。因为通常来说，只有开放性的问题才能让听众回答的范围越来越广，才能产生积极的效果。

一个刚来到澳大利亚的中国留学生遇到了这样的一件事。

一天，他在街上闲逛，这时，走过来一个金发小姐，并对他说："您是中国人？"

"嗯，"他下意识地回答了一声。

"那么，我能问您几个问题吗？"

"但是我并不懂英语。"他打着手势，装作并不懂的样子。

"请放心吧，只是四个问题。"金发小姐对他微笑了一下，然后问了一连串的问题："您是学生还是工作了？您最想做的事是什么？将来想从事什么工作？对未来有何打算？"

听到金发小姐这些问题，他所有的疑问都消除了，他心想，在这样一个陌生的城市中，竟然还有人关心他，关心他的工作、生活，甚至未来等，于是，他也很诚恳地回答了金发小姐的问题："我还是学生，但我同时也在打工。每天，我都感到很压抑，我没有朋友，因此，我希望和别人交往。在未来嘛，我当然希望从事我喜欢的工作并取得一定的成就。"

"您渴望交朋友、渴望让自己的生活丰富起来，也渴望成功，那么，您想过没，您可以选择一个媒介去帮您实现。关于这一点，我就能告诉您。"

他感到十分惊奇，"她怎样帮助我实现？"于是，他在金发小姐的带领下，来到了她的办公室。接下来，金发小姐告诉他，她的工作是帮助那些有困难的人，根据他们的具体情况，为他们推荐他们需要的书籍，并且，这里的书籍还可以享受九折优惠。于是，这位留学生在最后不得不买了金发小姐推荐的一本书。

在这个案例中，金发小姐成功推销出自己的书，就是因为她善于提问。她先用一连串的问题开场，而这些问题，是丝毫没有涉及推销的，并且是从关心留学生的角度提出的，因此，很快便使留学生消除了心理障碍。然后，她再适时地引入销售问题，让留学生产生一种继续想知道的愿望，随后，金发小姐成功推销出书也就成了一个事实。

同样，这一方法也可以被运用到演讲中。的确，开放性的问题具有很大的回答空间，所以能激发听众的说话欲望，进而让听众参与到谈话中。听众在感受到轻松、自由的说话氛围后，便会对你的演讲产生兴趣。

通常来说，开放性的提问方式，有一些典型问法，比如，“为什么……”“……怎（么）样”或者“如何……”“什么……”“哪些……”等。具体的问法就像案例中一样，我们需要认真琢磨和多实践才能运用自如。

当然，在提开放性问题的时候，我们还需要注意以下几点：

1. 以轻松的问题发问

以轻松的话题开头，最好不要直接涉及演讲的主题。当然，以这种问法开头，要求我们掌握在互动中的主动地位。这样问的目的在于一步步引导对方，在对方肯定了我们所有的问题后，自然会得出积极的结论。

2. 对于听众的回答，千万不要否定

演讲中，如果你提出某个开放性问题后，对于听众的回答不认同，你甚至特别想说服他接受你的观点——此时，你最好不要一上来就否定他的观点，说他的观点是错误的、荒谬的，否则你一定不会获得你想要的结果。相反，你应机智、委婉地说出你的观点，然后将听众引导到其他话题上去，从而让他们忘记自己原来的观点，这是能将话题继续下去的明智之举。

3. 避开听众的忌讳

事实上，每个人都有自己的忌讳，且人人都讨厌别人提及自己的忌讳。我们在提开放性问题的时候，最好要避开这类话题，把握分寸，不要伤害到别人的自尊心。

演讲提示：

听众都喜欢那些轻松、和谐的演讲环境，而你是否能达到演讲目的，也与客户是否愿意互动有直接的关系。我们多提开放性的问题，能使听众产生回答的兴趣，从而愿意继续听下去，何乐而不为呢？

语言生动，听众更有兴致

我们在公共场合讲话，最重要的是自己的语言表达富有感染力，如此才能调动听众的情绪。演讲时，我们切忌自己一个人在台上“唱独角戏”，而任由听众在下面躁动不安。如果你的讲话换来的是听众毫无反应的场面，那只能证明你这次讲话的失败；如果你的讲话能够使听众喜笑颜开，并且能够使他们随着你的讲话内容而思考，那就说明你的讲话是比较成功的。而通常情况下，不少人讲话都是极其枯燥的。那么，怎样来很好地调动听众的情绪呢？这就需要我们善于围绕主题展开话题，使自己的表达富有感染力，成功地调动听众的积极性，无疑，这样的讲话将获得成功。不少人在讲话的时候，只充当了一个“传话筒”的角色，上面怎么说，他就怎么说，不添枝加叶，不拓展话题，最后，他们的讲话就成了千篇一律的套话：“今天，我所讲的是……第一是……第二是……第三是……谢谢大家，我的话讲完了。”在整个讲话过程中，他们的语言苍白无力，听众则是不知所云。究其根源，在于他们没能将话题展开，没能增添语言的感染力。

对于×××工作，我再强调几点意见：

一、要提高认识，充分领会×××工作的重要性和必要性。目前，×××工作已经开创了很好的局面，获得了很大的成绩，这是有目共睹的。但是，还是要从深度和广度上更加推进×××工作。我看，最重要的一点是——提高认识！各级领导要充分领会×××工作的重要性和必要性，各级组织要加强关于×××工作的宣传力度，形成上下齐抓共管的局面，只有这样，×××工作才能更上层楼。

二、要突出重点，狠抓落实，切实把工作落到实处。目前，有个别同志、个别部门，存在一个很不好的现象，就是：热衷于搞形式主义，热衷于开大会、传达文件。当然，开大会是必要的，上传下达也是必需的。但是，光是讲空话、打官腔，是远远不够的。对×××工作，要真抓实干，加强落实。各级领导要把×××工作列入日常议事日程，具体部署，认真执行。各级领导要为×××工作，创造必要的物质条件和舆论环境，扎扎实实推动×××工作的开展，确保抓出实效、抓出成绩。

……

同志们，抓好×××工作，各级组织和人民群众对我们寄予厚望。希望大家脚踏实地，同心同德，开拓创新，在各自的岗位上努力工作，为×××工作作出新的更大的贡献！

谢谢大家！

这是一段不少人都会讲的套话、官话，原则性很强，显得刻板呆滞，没有一丝灵活性。我们演讲，不仅要传达一些观点，更需要有一定的灵活性，灵活性是对在讲话过程中原则性的必要补充，适当地运用灵活性，可以使你的讲话充满新意，增添感染力，如此可调节听众的积极性，达到讲话的目的。

那么，我们在实际的讲话过程中，如何才能顺势展开话题，增强语言的感染力呢？

1. 先让你自己变得快乐起来

每天起床时，你都应该暗示自己："我要变得快乐！"并让这个自我激励渗入你的潜意识里。这样，当你精神不振的时候，这句话就会激发你身体里快乐的因子，让你变得积极。

2. 表达你的热情

我们不要指望冷漠的态度能起到感染他人的作用。热情与快乐是一对连体婴儿。听众在感受到你的热情时，自然也会对你敞开心扉，也会逐渐感受到你传达给他们的情绪。

3. 举一些事例

在讲话的过程中，你要善于选择一些比较有代表性的事例来阐述问题。这样可以为你的观点增加点分量，并且能够表明你的陈述是比较客观的。如果缺乏事实的依据，你的讲话就没有信用度可言。当然，也要注意，不要引用过多事实，避免听众厌烦。

4. 适当插入一些个人经历

有时候，为了证明某个观点，适当地提出一些经历是为了进行补充说明。而在这种情况下，自己的经历最有说服力，因为亲身经历，所以给人的信任度很高。如果演讲者这样讲，“我昨天接待了一批外国客户，他们给我们建议……”“今天我看见……”“我看到这个月，大家表现得很……”肯定会有说服力。许多人用个人的经历和听众建立融洽的关系，或者进一步印证论点，效果很好。但是要注意，你所引用的经历必须是听众感兴趣的并能对听众造成影响的事。

5. 巧妙运用典故

讲话中适当运用一些典故，或引用伟人经典著作，或引用历史典故、古诗、格言、民谚等，也可以引用上级文件、领导讲话的重要观点，来增强讲话的深刻性。

演讲提示：

不得不说，当众讲话最需要的是热烈的气氛，如果掌声雷动、欢呼声不断，那么就会感染讲话者的激情，使你越讲越精彩。要使你的讲话热烈起来，能够打动人，你应该选择一些能够使得讲话具有说服力的最可靠的方式。当然，作为讲话者的你，在整个讲话过程中，首先应该保持高昂、激情的状态。

第 / 8 / 章

脱稿演讲，张口就来的技巧

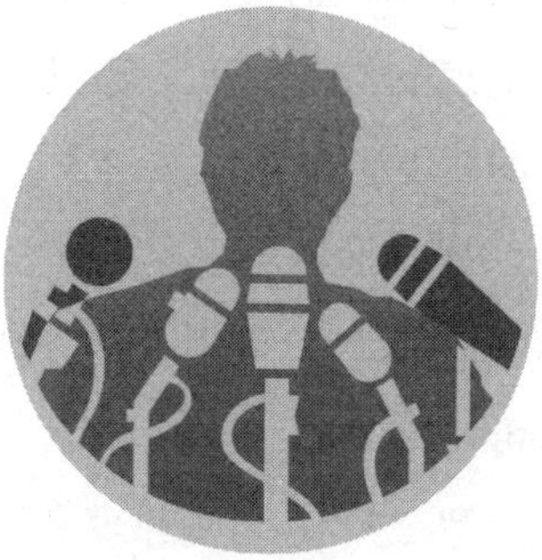

演讲的形式有很多种，其中就包括脱稿演讲，与带稿演讲相比，它的难度要大得多，演讲者更容易在说话时出错，因此更考验演讲者的知识储备和语言表达能力。任何一个演讲者，要想成为一个演讲大师，都要注重脱稿演讲的练习，在抛开演讲稿的情况下，如果你依然能口吐莲花，那么，你一定能给听众留下深刻的印象！

脑中有稿子，脱稿也不怕

杜甫有诗云：“读书破万卷，下笔如有神。”意思是说只有不断进行知识积累才能够笔下有物，不至于词语枯竭、思维阻塞。其实说话和写文章属于同样的道理，两者只是口述与笔写的不同罢了。目不识丁的人永远不可能口吐莲花，脱离了文学知识的修养，便不会有口吐莲花的口才，一切只能是不切实际的幻想而已。缺少知识，就无法对事物有一个正确的见解，带稿演讲已经十分艰难，更别说脱稿演讲了。

对于不少演讲者来说，提高脱稿演讲能力的关键是有话要说，因此，我们有必要在平时就储备“粮草”；否则，未经准备就出现在听众面前，难免会惊慌失措，张口结舌。

中国讲究“道术”的区别，“道”是原理和原则，“术”是指技巧和方法，前者通过后者来表达，后者为前者所服务。

因此，要想做到脱稿演讲，前提就是加强对知识的掌握。一味地追求技巧，就会陷入舍本逐末的悲剧；只有掌握的知识才能成为真正的才能。古人说“腹有诗书气自华”，也正是这个道理。没有知识修养的人，无论有着多么高的社会地位，在讲话之中都会留下笑柄。

俗话说：“厚积薄发。”一个人收缩自如的脱稿演讲能力绝不仅仅是技巧性的问题，而是在经过了对生活的思考、学习和研究才有的结果。我们要想成为一个会说话的人，不仅要有敏锐的观察能力和思考能力、掌握一定的说话技巧，还要全面提升自身的文化修养。只有有了底蕴，才能够说出一些典雅的话语来。正所谓“内有底蕴才能话语生香”。

因此，在生活中，不能忽视学习的重要性，需要每天为自己充电，对于所见所闻要观察思考表面和内在的东西，从中提炼思考能力和概括能力，并以此作为提升自己的一个有效途径。只有这样，才能在张开口的时候不至于心虚，以大量的知识储备作为脱稿演讲的内容。否则，你在演讲时总会感到空洞而又不着边际，一些道听途说的故事和词语也会用错位置，让别人对你皱起眉头，甚至转身离开。

演讲提示：

“言为心声。”脱稿演讲时一个人的话语是学识和修养的综合体现。一个人的口才卓越与否，并不是取决于他的出发点，也不是取决于他的表达技巧，而是由这个人的学识和修养来决定的。

如何做好脱稿演讲的开场白

开场白，顾名思义，就是一开场所说的话。开场白说得不好就等于白开场。俗话说“好的开始是成功的一半”，所以说开场白非常重要。对于那些脱稿演讲的人来说，开场白就是沟通自己和听众之间的第一座桥梁。脱稿演讲的开场白最不易把握，要想三言两语抓住听众的心，并非易事。如果听众在演讲开始就对你的话不感兴趣、注意力分散，那后面再精彩的言论也将黯然失色。因此，我们只有创作出一个匠心独运的开场白，才能以其新颖、奇趣、机敏之美给听众留下深刻印象，才能立即控制场上气氛，在瞬间里集中听众注意力，从而为接下来的演讲内容顺利地搭梯架桥。

出语不凡的开头，能唤起听众的兴趣和求知欲，产生巨大的吸引力，紧紧抓住听众的心，使听众非听下去不可。

我们在作脱稿演讲时，也要设置一个精巧的开头，画龙点睛，勾勒提要，如此便能自然顺畅地引领下文，把听众带进声情并茂的演讲情景中去，造成有利于接受演讲观点的心理定式。

那么，具体来说，我们怎样使脱稿演讲的开场白“精彩”起来呢？

1. 放下架子，自我解嘲

自嘲就是“开自己的玩笑”。对此，需要我们在演讲过程中放下架子，运用诙谐的语言巧妙地自我介绍，这样会使听众倍感亲切，于无形中缩短我们与听众间的距离。

营销讲师金克言先生在一次有近千名观众参加的演讲会上作演讲，可他上台后，台下只响起了稀稀拉拉的掌声。于是他说：“从大家的掌声中可以发现两个问题：第一，大家不认识我；第二，大家对我的长相可能不太满意。”几句话缩短了与听众的距离。台下大笑，掌声一片，反应强烈多了。他接着说：“大家的掌声再次证明了我的观点！”话音刚落，台下笑得更厉害了，又是一阵热烈的掌声。这个开场白既活跃了场上气氛，又沟通了演讲者与听众的心理，一箭双雕，堪称一绝。

2. 奇谈怪论，吸引眼球

演讲与一般的交流沟通不同，那些平庸、普通的语言与观点往往很难引起听者的兴趣。对此，我们在演讲前，如能做一番准备工作，找出与众不同的论调，那么，必能出奇制胜，造成“此言一出，举座皆惊”的艺术效果，以立即震撼听众，使他们蓦然凝神、侧耳细听，细究你的讲话内容，探询你演讲的原因。

钱钟书先生的小说《围城》中有一段故事，写方鸿渐到本县省立中学发表演讲，事先精心准备了讲稿，可是到场后发现稿子不在手边。急也没用呀，听众已经在热烈鼓掌，方鸿渐只好上场了，但这开场白来得很精彩——“吕校长，诸位先生，诸位同学：诸位的鼓掌虽然出于好意，其实是最不合理的。因为鼓掌表示演讲听得满意，现在鄙人还没开口，诸位已经满意得鼓掌，鄙人何必再讲什么呢？诸位应该先听演讲，然后随意鼓几下掌，让鄙人有面子下台。现在鼓掌在先，鄙人的演讲当不起那样热烈的掌声，反觉到一种收了款子交不出货色的惶恐。”

听了方鸿渐的演讲，听众大笑，记录的女孩也含着笑，走笔如飞。

应该说，方鸿渐的开场白获得了极大的成功。为什么？当听众鼓掌后，他却一反众人常有之态，先假意否定听众鼓掌，引起听众兴致。于是，听众想弄清“为什么我们的鼓掌其实是最不合理”。方鸿渐的解释既出人意料，又新颖别致，自然深受听众喜爱了。这段开场白，机智绝妙！

需要注意的是，运用这种方式应掌握分寸，弄不好会变为哗众取宠，被视为故作耸人之语。应结合听众心理、理解层次出奇制胜。再有，不能为了追求怪异而大发谬论、怪论，也不能生硬牵扯、胡乱升华。否则，极易引起听众的反感和厌倦。须知，无论多么新鲜的认识，始终要建立在正确的主旨之上。

总之，在脱稿演讲的过程中，我们可根据具体的演讲主题，设计好一个新颖别致的开场，一开口就抓住听者的“神经”，从而赢得一片掌声！

演讲提示：

脱稿演讲，其开头在通篇演讲中处于领先的特殊位置，能在演讲者和听众之间架起一座沟通思想情感的桥梁，为演讲的成功开辟道路。

临场发挥，修炼即兴演讲的技巧

现实生活中，我们几乎每到一处都有可能被要求讲几句话或一段话，而且，并不是每次讲话都有写好的讲稿，这就要求我们具备快速组织语言的能力，也就是即兴发表讲话的口才。即兴讲话是一种在特定情境下实现没有准备的临场说话的口语样式。

相对来说，生活中，人们在说话时的语言表达多半都是即兴的。比如，朋友相遇时的寒暄、酒桌上要言不烦的祝辞等，每个人都不可能拿着稿子去念。因此，即兴讲话对我们每一个人来说都非常重要。如果没有即兴讲话的技巧，遇事则脑门充血，无言以对，颠三倒四，哼哼唧唧。

诗人流沙河在全国青年散文大奖赛颁奖活动后，在与获奖者同船去成都旅游的途中作了非常精彩的即兴演讲：

“各位乘客同志，你们好！你们是散文的获奖者，都上了这条船，方方的薄薄的一条小船，要渡到对岸去找读者。我不是散文的获奖者，不能代表各位讲话。俗话说：‘百世修来同船渡。’我与各位有缘，各位彼此也是有缘。我们大家修行积德，今夜同舟一渡，不说几句，岂不辜负如此良缘？读者在对岸，今夜看不见，我就讲给你们听吧！”

这段开场白虽然简短，却语重心长，感情深沉。接着，演讲就以旅行路线为经，以各种幽默的比兴为纬，编织出一幅绚丽的画图，将路途景致与演讲者对散文家们的祝愿连在一起，可谓一波三折、别开生面。

主题是即兴讲话最重要、最关键的内容，是整个表达的根本依据。讲话时，每一层次、每一段落、每一句子、每一个词都反映着一个意思，这些意思都要统率于主题之下。因此，即兴讲话要寻找触点，临场发挥，及时提炼新颖而典型的主题。当然，即兴演讲时选择的话题不能故意兜圈子，不能离题万里、漫无边际地东拉西扯。否则会冲淡主题，且使听众感到倦怠和不耐烦。演讲者必须心中有数，还应注意点染的内容必须与主题互相辉映，浑然一体。

即兴发言的特点是即兴而发，随机而发，短小精悍；而即兴发言的构思技巧实际上关系到思维方法问题，这就需要演讲者必须思维敏捷，构思迅速，这样才能及时、准确地作出回答。当然，千万不要认为即兴讲话是没有中心的，可以想到哪里就说到哪里。即兴讲话也有讲话的中心，由于构思的时间较短，演讲者必须确定自己想说什么，并确定发言的中心，以及自己的观点和态度。

1984年4月27日，美国总统里根在人民大会堂发表了如下的讲话：

“谢谢你，周培源博士，谢谢各位尊敬的女士和先生。今天，我很荣幸能够来到这里，成为有史以来第一位在人民大会堂向贵国发表演讲的美国总统。

“我和我的夫人一直盼望来世界上历史最悠久的文明古国之一的中

国访问，同你们伟大的人民见面，一睹贵国历史宝库的风采。北京宽阔的大道使我们赞叹，贵国人民的待客热情，使我们深深感动。我们唯一的遗憾，就是这次访问的时间太短。看来只能像唐代一位诗人所写的那样‘走马观花’了。但是中国的《汉书》里还有另外一句话叫‘百闻不如一见’，南希和我深有同感。”

这是美国前总理里根的一段即兴发言，里根一上来就向大会主持人及全体听众表示了深深的谢意，对中国人表示高度的赞扬，并表明自己对中国古老文化有深厚理解。从礼貌、礼节上讲，这都是十分必要的，这番话很快架起了里根总统与听众之间的感情桥梁。不得不说，这是一段极其精彩的即兴讲话，我们也可以从中看出里根作为领导者的卓越之处。

那么，我们在发表即兴讲话的时候，如何快速组织语言、快速拟定话题？要想达到这些目的，需要注意哪些问题？

1. 选择合适的话题

我们在主持会议、宴会的时候，应该处处留心，及时了解和掌握会议和活动的主题、议程安排、参加人员，这样才能在主持会议的时候作好即兴发言。你可以选择与主题相关的话题，或是自己比较熟悉的话题，或是听众喜欢的话题。

2. 随时作好讲话的准备

我们无论出席什么会议，参加什么活动，都有被邀请讲话的可能，所以应该随时作好讲话的准备。美国著名的培训专家卡耐基说：“没有准备的讲话是信口胡说或叫信口开河。”即兴发言虽然没有发言稿，但并不等于不用作任何的准备，而是要时刻准备着。

3. 简单构思

平时的即兴发言准备时间不多，但是无论如何，都应该围绕话题，迅速在脑海里构思一个简单的讲话提纲。开头怎么开，讲什么；说明的主题分为几个观点，把观点概括好，用关键词、关键句把它列出来；结尾怎么结，有点、有线、有骨架，这样一来，简单即兴发言就有了。

演讲提示：

有一定的知识广度的人才能在短暂的准备时间内在脑海中找到生动的例证和恰当的词汇，使即兴演讲增添魅力。这就要求我们在日常生活和学习中加强自己的知识储备。

脱稿演讲的语言快速组织技巧

脱稿演讲不同于一般的演讲，它不仅考验一个人的说话能力，还考验一个人的思维能力。如果一个人的讲话方式和内容总是一成不变的，那么就会令他人失去新鲜的感觉。即使这些语言多么动听和美妙，也会因为它出现的频率过高而让听者失去兴趣。如果一个人采取僵硬呆板、毫无变化和新意的讲话方式进行表达，不仅无法达到他所想达到的目的，还会让别人觉得他是一个枯燥无味的人，乃至对他产生轻视甚至是反感。

俗话说，好的开始就是成功的一半。我们也可以这样来理解，脱稿演讲中，充满新意的言谈，总会获得意想不到的惊喜。

有一次，王主任召集全单位人员开会，当时会场比较嘈杂，听众情绪还未平静，于是王主任这样开头了："有个笑话说，张飞和关羽参加一次刘备召开的军机会议，当时大家正交头接耳，刘备无法讲话。张飞说：'哥，看我的。'于是他用在长坂坡喝退曹军的大嗓门吆喝一声。结果大家并没有安静下来。关羽说：'小弟，你那手不行，还是看我的。'于是，他坐在刘备的位子上，捋须凝目，似有所思。这下子大伙儿觉得奇怪，倒安静下来了。其实，这只是个笑话，刚才大家交头接耳，现在为什么静下来了？这个问题留给大家思考，我今天所要讲的主要内容是……"他开口就是一个生动的故事，立即引起了听众的注意力，整个会场很快安静了下来。

还有一次，王主任在讲话的时候，发现现场气氛太紧张，为了把气氛搞得活跃些，王主任这样开口："有个善于演讲的人总结了一条经验，要调动会场情绪，只要注意看两个人：一个是看长得最漂亮的，看着这个人，可以使你讲话更有色彩；第二个是要注视会场上最不安定的那个听众，镇住他，可以使你讲得更有信心。我想学习这个方法，可咱们这儿长得漂亮的、英俊的有100个，而且没有发现不安定的听众，这可叫我难办了。"这段话讲完后，大家的情绪得到了缓解，全场的气氛不再紧张了。

在这里，王主任巧借环境，用风趣幽默的开场白来缓解、调节现场气氛，使大家的情绪得到缓解，并使大家较好地融入了其讲话的氛围中。的确，讲话总是在一定的环境中进行的，讲话的顺利进行有赖于良好的气氛。而不俗的话语往往会使听众感到你所说的是与自己切身利益相关的问题或大家共同关心的问题，这样就能刺激听众的兴奋点和吸引其注意力，调动各种积极因素，使整个讲话获得圆满成功。

可见，出众口才的表现形式并不仅体现在谈吐优雅从容淡定上，还有着一个重要的特质，就是能够对众人比较熟悉的事情有着自己比较独特的认识和看法，言谈之中屡出新意。我们需要明白的是，一个与众不同观念的产生与提出，不仅是智慧火花刹那之间产生的灵感，更是广阔视野、充满激情、独立思考等品质的综合表现形式。

那么，在实际的讲话过程中，演讲者该如何以好的话语制造良好的气氛呢？

1. 新颖生动的语言

生动才能吸引人，你需要使用新颖生动的语言，这样才能使听众对你的讲话产生兴趣。反之，如果你总是老生常谈，就会让听众觉得寡然无味，他们也不会对你的讲话有任何兴趣。

2. 幽默风趣

幽默风趣是一种"快语艺术"，它突破了惯性思维，遵循的是反常原则。我们在脱稿演讲中，必须要想得快、说得快，触景即发，涉事成趣，出人意料之外，又在情理之中，使听众易于在欢笑中接受。

演讲提示：

新意迭出的语言是智慧的体现。一个真正会脱稿演讲的人会根据倾听对象的不同而作出新奇而又合理的解释，既不违背事实，又不会伤害到别人的感情，进而给听众带来乐趣，并制造出良好的演讲氛围。

注重演讲内容，不摆空架子

生活中，我们常听说“形式主义”这个词，它的含义指的就是不注重内容而注重形式。事实上，一些人在脱稿演讲的过程中，也总是走形式主义。他们会事先准备好一份演讲稿，然后背诵下来，在脱稿演讲时，也不顾听众的感受，自顾自地背诵完稿子，便认为自己作了一次精彩的演讲。实际上，这类形式主义、走过场的演讲，有什么意义呢？

任何一个成功的演讲者都会注重自己语言魅力的锤炼。如果你讲话乏味，就没有人爱听，空话套话多，号召力就差，这样的讲话不如不讲。“白圭之玷尚可磨，斯言之玷不可为。”空话讲多了，听众就会对你的讲话失去兴趣，而你想传达的意见就无法成功地传达出去。

现实的演讲过程中，一些人不注重语言魅力，只注重形式主义。他们在说话的时候，枯燥无味，让下面的人听起来很难受，许多人深受其苦，有的人为了躲避听他们说话，甚至不惜请假、会上打瞌睡、玩手机游戏、频频借故出入会场。试想，如果听众反感你的讲话，那么，演讲又该如何进行呢？

或许有些演讲者会抱怨：“不是我们想搞形式主义，而是不得不搞形式主义，脱稿演讲太难了。”其实，想要作好脱稿演讲有很多方法，完全没有必要依靠形式主义。

具体来说，你可以这样做：

1. 事前充分准备

美国前总统林肯曾说过:“我相信，我若是无话可说，就是经验再多、年龄再老，也不能免于难为情的。”这句话说得十分深刻。

任何一场演讲，尤其是脱稿演讲，要想获得满堂彩，就必须做足准备工作。要知道，心中没有路子，脚下难迈步子，如果你心中无“货”，思想乏味，那么语言也会同样乏味。

2. 端正演讲动机

不要把目标定得过高，对于不切实际的期望要有客观的分析。如果把演讲的意义片面夸大，甚至把演讲与个人终身的成就、事业和幸福等紧紧联系在一起，那么，也只能落入形式主义了。

3. 避免机械背诵演讲稿

逐字逐句地背诵讲稿，很容易在面对听众时遗忘，即使没忘，讲起来也会显得十分机械化。美国总统林肯曾说过：“我不喜欢听刀削式的、枯燥无味的讲演。”背演讲稿对演讲者来说可能是一种必要的准备方式，但是，背诵依赖的是机械记忆，逐字逐句的记忆不仅会耗费演讲者大量的时间,而且容易形成演讲者的心理麻痹。实际的脱稿演讲过程中，一旦出现怯场、听众骚动、设备故障等突发情况演讲者脑中就很容易出现“短路”现象。因而，在准备演讲时，我们只要准备好大概的提纲即可。在实际演讲中，我们应根据自己的语言、思路发挥，如此反而更能打动观众。

4. 注重语言魅力

我们不应该只重视讲话的形式，而应该更注重自己的语言魅力。讲话本身就是一门艺术，想让自己的语言有特色，你可以适当地幽默、调侃，这样会使你的讲话变得十分有趣，令人感动，并且能够让听众牢牢记住你的讲话，感到你的魅力，受到你的鼓舞。

5. 训练自己把握全局的思维能力

口才训练大师卡耐基强调：“一个人的成功，只有15%归功于他的专业知识，还有85%归功于他表达思想、领导他人及唤起他人热情的能力，即其驾驭语言的口语表达能力。”一个善于脱稿演讲的人必定有着较高的思维能力。事实上，也只有那些具备较高的思想水平和政策水平的人，才能在讲话时高屋建瓴，并且从全局和事物发展的大势上把握问题、思考问题和解决问题，自然，他们也能够以自己的魅力征服听众。

演讲提示：

语言大师林语堂有“语言的艺术”一说，意思就是，语言不是一般的工具，使用起来不同于其他工具。俗话说：“锦于心而秀于口。”我们说话并非单纯的口舌之技，而是一种高度复杂的脑力劳动过程。脱稿演讲中，我们要想把话说到听众心里去，就要杜绝形式主义。

脱稿演讲注重语言的精确性

相对于通俗的演讲来说，脱稿演讲的难度大得多，其中一个重要的方面就是遣词造句。脱稿演讲需要演讲者有更高的语言表达能力，能做到用词准确、一针见血，而不是在那泛泛而谈却说不出个所以然来。

脱稿演讲的目的同样是向听众传达思想、表达观点，如果我们的语言表达不够清楚，那么造成的结果有可能是你在那里讲了大半天，听众却未必能明白其中的真意。如此，我们讲话 就等于白讲了。因此，我们在讲话的时候，一定要句句达意，针对某个问题，要把其中的利害关系说清楚、把怎么办说清楚，并且使听众听了能完全意会，切忌在半空中论过去、议过来，主题散乱而不清晰。表达是否清晰将在很大程度上体现一个人的口才水平，还能够直接体现我们的思想理论功底、政策水平、逻辑思维能力。卓越的演讲者能够清晰地表达自己的思想及观点，他们往往能透过现象看本质，一针见血地指出问题，然后清楚地指出解决问题的办法。

在一次会议上，某市委书记在谈到民生问题时说：“这几年我们市改善民生工作卓有成效，但对照人民群众的期望还存在不小差距。我听说现在有一句顺口溜，是这样说的：‘生不起，剖腹一刀五千几；读不起，选个学校三万起；住不起，一万多元一平方米；娶不起，没房没车谁跟你；病不起，药费让人脱层皮；死不起，火化下葬一万几。’这句顺口溜可能不够准确全面，但也说明部分老百姓生活压力很大。只有提高居民收入，才能解决这些问题。”

在这次会上，市委书记的讲话可谓是“句句达意”，他开口并没有讲一些空洞的大道理，而是用群众中流传的一段“顺口溜”来谈民生问题，把问题说得深刻却不深奥，能够让人一听就能明白群众面临的具体困难，并且知道应该从哪些方面着手处理问题。这在当时给与会者留下了深刻而难忘的印象，以至于后来被不少媒体撰文来表达对这种讲话方式的肯定。

其实，我们脱稿演讲是否达到了预期的目标，就看它是否被听众所理解、所接受了。当然，要想听众能够准确理解话中的含义，首要条件是需要我们具备良好的语言表达力，即清晰地表达自己的思想及观点的能力。如果我们的语言表述不够清楚，那么，听众就会听得一头雾水，似懂非懂，最后，他们自然不能配合我们采取相应的行动了。

澳门前特首何厚铧在1999年的选举中获胜。在参选前的一次记者招待会上，当记者问到他对澳门和自己参选的感想时，他说：“澳门是我生活、家庭和事业的根基，澳门的一切，伴随着我长大。澳门人的思想，熏陶我的性格；澳门人的忧乐，与我息息相关。我对澳门发自内心的热爱，鞭策我要贡献所长。在澳门重投祖国怀抱之际，我身为一个中国人，理应当仁不让，竭尽所能，以自己的一份热忱，来承担这一历史使命。我的参选是澳门人给我的一个机会，容许我把自己对澳门的深厚感情进一步升华，变成无私的奉献。”

何厚铧短短的几句话里，既没有华丽的辞藻，也没有对选民的曲意逢迎，有的是自己对澳门发自内心的热爱，语言朴实，直接表达了其真情实感，不能不使听众为之动心、为之折服。

很多时候，一个人之所以能用寥寥数语就能够赢得民心，重要的原因不在于他有多么好的口才、有多么好的语言表达能力，而是在于他的语言朴实无华，情深意切，打动人心。

要达到这一效果，在脱稿演讲中，我们需要做到：

1. 准确运用语言

我们讲话要注意语言运用的准确性，要做到“两通”“一短”。“两通”，一是通俗。对于讲话，听者往往是靠听觉接受的，所以，要让听者听清楚、听明白，语言就要恰当、通俗易懂。我们不要自以为是地追求一些华丽的辞藻，就说一些生僻怪异、晦涩难懂的词语和术语。我们在讲话的时候，引用古语典故也要准确，要注意听众和语言环境，要使人能够理解。二是通顺。我们讲话时，语言要表达清楚，不要模棱两可，你说起来朗朗上口，也要让听众听起来悦耳动听，千万不要用那些拗口、听起来别扭的语言。“一短”就是句子要短。我们在讲话中要尽可能用短句子，有的句子太长了就会让人听不清，容易让人产生误解。

2. 切合语境

脱稿演讲时，一定要切合语境，就是指你要根据你说话的客观现场环境，包括时间、地点、目的以及讲话的内容等来发表你的讲话，这样才能更准确地表达自己的想法。有些人不管语境，而是自顾自地说，结果，他在台上面说了大半天，台下面的听众还是不知道他所表达的意思到底是什么。

另外，我们讲话的内容一定要与讲话的时间、地点与场合相对应，否则就有可能让下面的人摸不着头脑。

演讲提示：

要想作好脱稿演讲，就要提高自己的语言表现力，讲话要句句含真意，你的表述足够清晰，听众才会真正领悟到其中的真意。有效表达的首要条件是知道什么时候说什么话，表达要清晰、准确地反映你的思想、情感、情绪。

脱稿演讲注重语言的简洁性

与一般的演讲形式相比，脱稿演讲更难把握，也更容易出错，因此，那些演讲大师在脱稿演讲时都不会打持久战，而是采取简短有力的演讲方式。然而，我们发现，现实的脱稿演讲中，不少人说话都有一个明显的弊病，那就是非常啰唆，常常把一些极为简单的问题复杂化。本来三言两语就能说清楚的问题，非要重复无数遍，结果越说越离谱，自己也搞不懂在说什么。

从另一个方面说，现代社会，人们的时间观念都很强，没有人愿意花费太多的时间来听你的长篇大论。所以，我们在说话的时候，切忌绕圈子，要把话说到点子上。有话则说，长话短说，无话不说，这样才能更准确地传达你的思想。

1863年7月1日，对于美国人民来说是个非常有意义的日子，因为这天在美国发生了一件惊天动地的事，美国南北战争的决战在华盛顿附近的葛底斯堡打响了。三天激战后，北方大获全胜。

战后，美国的宾夕法尼亚等几个州商讨决定把战争中逝去的烈士合葬在国家烈士公墓。

公墓在1863年11月19日举行落成典礼，美国总统林肯也理所应当地被邀请前去演讲。除了林肯之外，演讲者还有美国的前国务卿埃弗雷特，而林肯只是因为总统的身份才被邀请在埃弗雷特之后讲几句形式上的话。这种情况下，林肯非常清楚自己的处境，在他前面演讲的是在美国历史上最有演说能力的人。而林肯如果说不好的话，无疑会被在场的人笑话，更会使得自己总统的颜面尽失。

在典礼上，埃弗雷特那长达两个小时的演讲，洋洋洒洒，确实非常精彩，也获得了听众的掌声。令人意想不到的是，林肯的演讲居然只有十分钟，而就是这十分钟的演讲，不仅赢得了当时在场的一万多名听众的热烈响应，还在全国引起了轰动。

当时有报纸评论说：“这篇短小精悍的演讲简直就是无价之宝，感情深厚，思想集中，措辞精练，字字句句都很朴实、优雅，行文毫无瑕疵，完全出乎人们的意料。”就连埃弗雷特本人第二天也写信给林肯：“我用了两个小时总算接触到了你所阐明的那个中心思想，而你只用了十分钟就说得明明白白。”林肯这次出色的演讲手稿被收藏到了图书馆，演讲词被铸成金文，存入了牛津大学，作为英语演讲的最高典范。

林肯在这次演讲中靠什么取胜？那就是简洁的演讲。他那简短有力的演讲比长达两个小时的精彩演讲更深入人心。很多时候，言简意赅的讲话比那些长篇大论更容易被人们所接受，所谓“浓缩的就是精华”，因为简洁，所以它所阐明的思想会更有深度；因为简洁，它所表达的意思会更加清晰；因为简洁，它所彰显的内容会更有力度。

同样，脱稿演讲中，我们要想自己的讲话获得较好的效果，就必须讲究语言的简洁、精练，这样才能使听众在较短的时间里获取更多有用的信息。反之，如果你只是空话连篇，言之无物，那么无疑是浪费时间。在很多时候，我们哪怕只讲了一句话，也能获得满堂的掌声；而有的人讲了整整一个小时，获得的却只是稀稀拉拉的掌声，这就是语言简洁的效果。

1. 简洁的话更显力度

我们讲话应该注重语言的简练，太过烦琐的语言会让你所表达的意思不够准确，也会占用听众更多的时间，结果就是你没有讲明白你的意思，下面的人更是有苦说不出，只能强忍着听下去。简洁的几句话显得更有力度，也更容易被听众所接受。

2. 把话说到点子上

相传，墨子的学生曾经问墨子：“话是说得多好，还是说得少好？”墨子说：“你看田里的青蛙，整天叫个不停，却没有人理会它；而公鸡每天只在天快要亮的时候才叫一两下，人们都很注意它。可见，话不在说得多而在说得有用。”

演讲提示：

古人语：“山不在高，有仙则名；水不在深，有龙则灵。”说话也是如此，话不在多，点到为止就行。脱稿演讲中，我们说话一定要做到一针见血、言简意赅，这样才能让听众们明白你说的到底是什么。

第 / 9 / 章

演讲控场，随机应变的能力

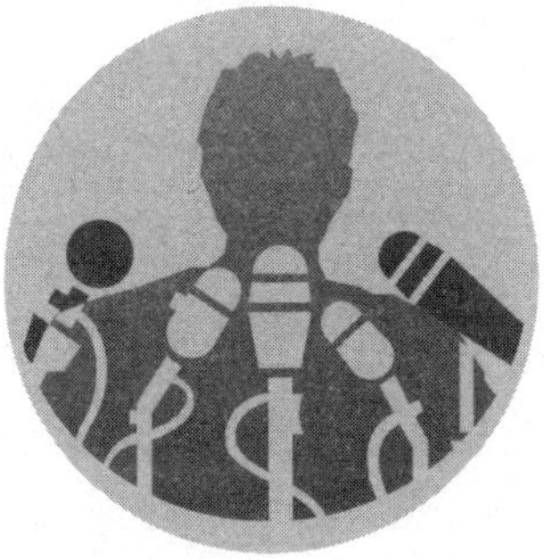

演讲中，对于危机的处理能力是衡量一个人综合素质能力的重要标准，更是我们演讲能否成功的基本保证。所以，一个演讲者，要想获得好的演讲效果，就要具备一定的应变能力和把控全局的能力，换句话说就是，演讲者要善于临场察言观色，在遇到演讲危机时及时调整心态，及时修正补充自己的演讲内容，为演讲成功打下良好基础。

说点听众想听的，营造热烈气氛

想必任何一个演讲者都希望自己的演讲能在轻松、和谐的气氛中进行，而害怕出现冷场的情况。而是否能达到良好的演讲效果，直接取决于演讲开始时演讲者所说的话题。善于把控演讲气氛的演讲者总是三言两语就炒热了现场气氛，避免了冷场和尴尬的出现。

毋庸置疑，人们对于那些与自己有共同话题和兴趣的人更容易产生交流的欲望。因此，恰当、有趣的话题能使大家循着交谈的轨迹逐步加深感情，从而愿意接受你的观点。因此，演讲中，我们如果想避免出现冷场和尴尬的场景，就应该做好预防工作，重视开场中的预热工作。

1984年5月，美国总统里根到上海复旦大学访问。里根总统与一百多位中国学生初识于一间大教室里，他说了这样一句开场白："其实，我和你们学校有着密切的关系。你们的谢希德校长同我的夫人南希是美国史密斯学院的校友呢！这么看来，我和各位自然也都是朋友了！"话毕，他赢得了全场的热烈掌声，成功拉近了与一百多位异国学生的心理距离，接下来的谈话更是轻松、融洽。

里根总统这番话，表达出了自己渴望与学生们亲近的愿望，让学生们看到了他的亲切，自然也就拉近了与学生们的距离。

不得不说，对于任何演讲者来说，最怕的就是冷场。如果你能事先巧妙开场，炒热现场的气氛，营造和谐的沟通范围，那么，势必会赢得听众的好感。这就需要我们寻找一个好的闲聊话题。一般来讲，我们可以选择以下几个话题：

1. 天气

天气是每个人都关心的问题，因为它事关每个人每天的生活。因此，若天气不好，不妨发点"牢骚"："今天这天儿，我都穿得跟个企鹅似的。”“这鬼天气，我浑身上下都要起火了。”天气很好，不妨同声赞美：“今儿天气不错啊，心情也跟着好起来了。”如果某地遇到暴雨或者干旱等天气异常情况，也可以拿出来谈谈，因为那是人人都关心的话题。

2. 坦白自己的感受

比如，你第一次演讲，与其紧张、手心出汗，还不如直接告诉听众你的感受，这会让听众觉得你是个坦诚、可爱的人。

一次，美国作家阿迪斯与一位写过一本书的心理学家谈话。阿迪斯通常对这类的访问都能应付自如，并会从中受益，所以，当他发觉自己结结巴巴、不知怎样开口时，简直大吃一惊。最后阿迪斯说：“不知为什么我对你有点害怕。”结果，那位心理学家对阿迪斯这个说法产生了兴趣，随即大家就自然地聊起来了。

3. 自己闹过的有些无伤大雅的笑话

比如，你可以拿买东西被骗、语言上的失误等此类笑话来和对方分享一下，因为这些生活中的趣事人们一般都爱听。你谈论的某些趣事，可能对方也遇到过，这样你们之间就找到了共同的话题。另外，拿自己开涮，更体现出你的随和、平易近人。

4. 以轰动一时的社会新闻为话题

生活中，我们每个人都会对近期发生的一些新闻谈论一番，这也是闲谈的资料。若你能就此发表自己的意见和看法，那足可以把一批听众吸引在你的周围。

5. 家庭问题

关于每个家庭里需要知道的各方面的知识，如家庭教育、购物经验、夫妇之间怎样相处、亲友之间的交际应酬、家庭布置等，也会使大多数人产生兴趣，家庭主妇们尤其关心这类问题。

演讲提示：

人们都愿意听自己感兴趣的话，在演讲中，无论是对演讲主题的选择还是炒热演讲气氛，我们都要寻找那些能兼顾大家感受的共同话题，只有这样，才能调动听众的兴趣，使其继续参与到你的演讲中。

演讲冷场，巧妙化解尴尬

演讲中，可能很多人都遇到过这样的情况，或许因为你的语言失误，或许因为听者对你所演讲的内容突然不感兴趣，原本活跃的现场气氛一下子冷淡下来，造成演讲的冷场。当然，这一局面出现的根本原因在于我们的话没有吸引力。此时，听者仅仅是出于纪律的约束或出于礼貌而扮演一个“接受”的角色。对于演讲者而言，冷场无疑是一种困境，会令其窘迫。

那么，在遇到冷场后，我们该如何扭转局面呢？我们可以尝试以下方法：

1. 转换话题

所谓转换话题，指的是我们在当众讲话的过程中，当遇到冷场或者某些尴尬的话题时，可以通过暂时变换话题的办法重新吸引听众的注意力、调动听众的情绪。这其中就包括穿插一些趣闻逸事。

遭遇冷场时，我们如果能恰当而又适时地讲述一些趣闻逸事，便能抓住人们渴望趣味的视听倾向，会使混乱或呆板的演讲现场马上活跃起来，听众的注意力也会被迅速地集中到演讲内容上。这时演讲者仍要回到原有话题的轨道，而效果则会理想得多。因为趣闻逸事是人们在生活中津津乐道的闲谈资料，生活中的许多情趣即由此而来。

一次，曹操与刘备饮酒。曹操想试探一下刘备的野心，于是，在喝酒的时候，曹操以手先指刘备，后指自己，说道：“今天下英雄，唯使君与操耳！”刘备闻言，吃了一惊，手一晃，手里拿的筷子掉到了地上。当时大雨将至，雷声大作。刘备就从容地弯下腰把筷子捡起来说道：“一震之威，乃至于此。”曹操笑着说：“丈夫亦畏雷乎？”刘备说：“圣人迅雷风烈之变，安得不畏？”两句话就将闻言失箸（筷子）之故轻轻掩饰过去了。于是曹操不再怀疑刘备。刘备在惊慌落箸之后，机敏地利用雷声把谁是英雄的话题岔开，转移了曹操的注意力，才化险为夷。

2. 制造悬念，激发听众的兴趣

高明的演讲者，都会活跃演讲气氛，他们很善于制造悬念。一个好的悬念能起到拯救演讲危机、让自己再度成为听众注目的中心的作用。

因此，在演讲中制造悬念，可以有效地吸引听众的注意力，使演讲内含的信息和情感得以准确传达。在出现冷场的情况下适时地制造一两个悬念，确实是重新吸引听众注意力的非常有效的办法。

3. 让听众积极参与到演讲中来

造成演讲冷场的原因之一，就是我们单向地陈述问题，而听众被动地接受信息。也就是说，在我们以自己的演讲词和形象的语言来感染听众的同时，听众的积极回应也有利于推动演讲的顺利进行。

因此，要改变尴尬局面，可以从此处入手。比如，我们可以向听众提出富有针对性和启发性的问题，可以调动听众参与演讲活动的热情，使他们意识到，自己也是整个演讲的一个重要组成部分，这样能有效地避免冷场和打破冷场。

一位领导正在面向群众进行普法意义的演讲，由于话题具有一定的专业性，听众的注意力出现了分散，进而不少人开始交头接耳。这时，这位领导者及时提出了这样的问题："请开小差的同志们想想，如果我们自己的权益受到了侵害，我们又将怎样寻求法律的帮助呢？"这样一来，交头接耳的听众也重新将注意力转移过来。

4. 适时地赞美听众

演讲的同时，如果我们忽略了听众，自然会出现冷场。此时，我们应当注意采用恰当的方式，拉近与听众的心理距离。贴近听众的一个有效方法就是发自内心地赞美听众，用中情中理的话语拨动听众的心弦，激发他们的共鸣，使他们重新对演讲产生浓厚的兴趣，从而打破冷场的尴尬局面。

总之，只要我们能做到以上几点，当冷场出现时，及时采取控制手段，就能扭转局面，让演讲得以顺利进行！

演讲提示：

任何一个演讲者都希望听众在轻松、活泼的氛围中接受自己的意见和观点，因此，一旦出现冷场，我们就要想方设法把气氛拉回来。

学点技巧，轻松面对演讲忘词

对于很多演讲者——尤其是那些初次登台人来说，忘词是他们经常出现的情况。可能你事先已经准备得很充分，却因为紧张、经验不足，在说话时突然出现大脑空白的现象，有一些人甚至一站上演讲台就开始忘词。这种情况下，我们该怎么办？

如果演讲中忘了演讲词，演讲者千万别让自己“卡壳”的时间太长，而应使自己集中思想，争取在两三秒之内回忆起忘掉的词语。实在想不起来，可根据原来的意思另换词语，或者干脆另起一行，将下一段内容提上来讲。但前提是我们要冷静下来，不可因为忘词就紧张、乱了阵脚。

总结起来，我们可以运用以下三种衔接的方法：

1. 插话衔接法

当你忘却的时候，立即插入一两句与演讲内容有关的问话。利用短暂的时间，加速回忆下面要讲的内容。

比如，你讲着讲着，突然忘却了，这时切不可停顿，你应当面向广大听众问一句：“同志们，前面这一部分大家是否听清楚了？”话音一落，你就可以扫视全场，而就在扫视的瞬间，你基本可以想起下面应当讲的内容了。一旦想起，你就可以说：“好，既然大家听清楚了，我就继续讲下去。”

2. 重复衔接法

重复衔接法，就是当你忘却的时候，要把最后这句话再加重语气重复一遍。这样，往往能使断了的思维链条再衔接起来，使演讲顺畅地继续下去。

这里，你所重复的内容是刚刚讲过的，所以不存在什么负担，而且好处是：能够给你争取足够多的时间来回忆你忘记的内容。把之前讲过的要点复述之后，再接着讲接下来的内容，这样你就能以一个平静的心态或者稍微平静的心态继续讲下去。

比如，前段演讲最后一句话是："我理解了他们的爱吗？我懂得爱他们吗?"而后段前句话是："从那以后我变了。"当前段讲完了，而后一段的前句话又忘了，这时，你可以有意地加重语气，重复讲一遍前段最后的那句话——"我懂得爱他们吗?"往往就在重复的这一瞬间，你便想起了后段的第一句话——"从那以后我变了。"这样，演讲就可以继续下去了。

3. 跳跃衔接法

演讲者常常出现的忘却，并不是把后面的全部忘却了，而仅是把下段的第一句或整段忘记了。这时只好随方就圆，忘却就忘却吧，哪里没忘，就从哪里接着讲下去。这就是跳跃衔接法。用这种方法虽然丢掉了几句话，甚至一个段落，但它可以避免因中断而破坏演讲的气氛，涣散听众的注意力，影响整个演讲的效果。

当然，这里还需要考虑到的是，如果你所忘记的几句话对于整个演讲主题来说比较重要，而你在跳跃衔接后又想起来了，你可以采取在收尾前补充的办法。比如，你可以这样说："这里值得一提的是……"这样就可以把忘掉的重要段落补充进去了。

当然，解决演讲忘词的方法可能还有更多，但在这种情况下，最重要的还是要有好的心理素质，所以我们平时要多锻炼自己，在锻炼中提高自己沉着稳定的心理素质和随机应变的能力。

事实上，演讲过程中忘词，这是一种非常普遍的现象。如果你留心观察，你会发现，在工作当中的每一次会议上，忘词这种情况几乎都会出现。而且其实在一些大型的晚会上，尤其是一些现场直播的晚会，主持人及节目的表演者，也经常会忘词。我们只有稳定自己的情绪，故作镇定，才能在轻松的氛围中继续演讲。

演讲提示：

一个高明的演讲者，总是能掌控场面，即使在忘词的情况下，依然能活跃演讲气氛，一句轻松的话就能有效地吸引听众的注意力，使演讲内含的信息和情感得以准确传达，以起到拯救演讲危机、让演讲者再度成为听众注目的中心的作用。

如何面对听众故意挑衅的情况

在演讲场合，我们不能否认一些听众是不怀好意的，他们可能是我们的竞争对手，可能是看不惯我们的人，在我们演讲的过程中，他们总是伺机给我们出难题，甚至会故意挑衅，面对这种情况我们该怎么办呢？伟大作家鲁迅说："用玩笑来对付敌人，自然是一种好战法，但触着之处，须是对手的致命伤。'幽默'或'玩笑'，也都要生出结果来的。"可见，不动声色、微笑是回击他人挑衅的有效手段之一。

维特门是哈佛大学毕业的著名律师，并当选为州议员。有一次他穿了乡下人的服装到了波士顿的某旅馆，被一群绅士淑女在大厅里看到了，他们便戏弄他。维特门对他们说："女士们，先生们，请允许我祝愿你们愉快和健康。在这前进的时代里，难道你们不可以变得更有教养、更聪明吗？你们仅从我的衣服看我，不免看错了人，因为同样的原因，我还以为你们是绅士淑女呢，看来，我们都看错了。"

这里，维特门采用的便是幽默玩笑的方法，以此巧妙地封住了敌人的嘴。演讲中，他人的挑衅很容易使我们处于不利的地位，这个时候，如果我们能让自己的思维展开飞翔的翅膀，运用幽默机智，绵里藏针、柔中寓刚，就能巧妙地粉碎他人的挑衅，让我们从这种矛盾中解脱出来。

绵里藏针法，就是用比较和缓的语气和态度表达出自己比较坚硬尖锐的用意的语言艺术。使用这种方法时，要注意多用委婉的词语，以“绵”争取人心，以“针”阐明自己的观点，让“针”扎得又狠又准，真正击中对方的要害，让对方有刺痛之感且不露痕迹。

当然，绵里藏针的幽默制造法更多地还是用于反击他人的恶意挑衅。我们来看下面的故事：

加贺千代女是日本江户时代很出名的女艺人。

有一天，一位贵族请她前去表演。

府中的女佣人一看到大名鼎鼎的加贺千代女竟然是个长相丑陋的女人时，就讥笑起来：“我还以为今天能看到大美人呢，没想到却是个丑八怪！她能成为有名的艺人可真够奇怪的。早知道这样，我也不用去厨房干活，直接到台上卖卖丑还能出名呢！”

“虽有一抱之粗，但柳树仍是柳树。”加贺千代女微笑着回敬道。

这里，加贺千代女的反击是无形的。一番看似温和的语言，却蕴含着强硬的批评和嘲笑，让对方自惭形秽、恼羞成怒，却又不便发作。的确，柳树再丑，但仍旧可做“材”用；狗尾巴草再美，却只能成为烧火的“柴”，永远也摆脱不了“离离原上草”的命运。在这里，千代女巧妙地运用幽默的语言艺术，摆脱了尴尬的场面。

当然，演讲中，面对他人的挑衅，要想做到轻松摆脱尴尬，还需要我们有大肚能容的心胸。我们不可能希望每个听众都把我们当朋友、接受我们的观点，面对听众的挑衅，倘若你能包容一点，以微笑回击，那么，很可能会彼此冰释前嫌，还会让其他听众感受到你的魅力。

为此，我们需要做到：

1. 先冷却情绪

在气头上，你很容易被冲昏头，而走上情绪的不归路，因此，首要之务，就是先为自己的情绪降温。这话说来容易，该怎么做到呢？你可以转移自己的注意力。例如："一、这个茶杯是黄色的……二、他穿的毛衣是黑色的……"数十至十二项物体的颜色，之后你会发现自己冷静多了。

2. 使用建设性的内心对话

赫尔明指出："许多怒火中烧的人不分青红皂白责备任何人和事，而使怒气徘徊不去的是你自己的消极思维方式。"既然想法是产生情绪的主因，那么，面对他人的挑衅，你就应该加强内心的想法，准备一些建设性的念头以备不时之需。例如：

"我在面对批评时，不会轻易地受伤。"

"不论如何，我都要平静地说，慢慢地说。"

当你能遏制住自己的怒火后，你也就能心平气和地处理问题了。

3. 不要说粗话

不管你说的是"傻瓜"还是更粗野的词语，你一旦开口辱骂，就无异于把对方列为自己的敌人。这会使你更难为对方着想，而互相体谅正是消弭怒气的最佳秘方。

演讲提示：

公众场合，你的言论难免会成为某些人攻击的对象，此时，冷却情绪，运用绵里藏针的力量微笑回击，既能击退听众的挑衅，又能使得演讲继续下去。

演讲口误，及时打圆场

相信不少因为演讲者都在讲话的过程中遭遇过尴尬的场面，然而，尴尬的出现也并不一定是因为有人故意使绊，有时候，是由于我们自身疏忽造成，比如，口误。所谓口误，顾名思义，指的就是说了不恰当的话。造成口误的原因有很多，如演讲者紧张或者态度轻率、知识贫乏等。在具体的演讲实践中，只要头脑清醒、反应敏锐、判断正确、处理及时且方法灵活，演讲者就可以成功地从口误的窘境中摆脱出来。我们先来看下面的故事：

相声界的泰斗马季先生曾有一次到湖北黄石演出的经历。

在他前面，有位演员错把“黄石市”说成了“黄石县”，让现场观众哄笑不已。当马季登场时，他张口就说：“今天，我们有幸来到黄石省演出。”这回听众不笑了，而是窃窃私语，马季怎么回事？这时，马季解释道：“方才，我们的一位演员把黄石市说成县，降了一级。我在这里当然要说成省，给提上一级。这样一降一提，哈！就平啦！”几句话博得全场观众热烈的掌声和笑声。马季机智巧妙地圆了场，使演出得以顺利进行。

弹唱家马如飞在一次表演时，误将“丫环移步出了房”唱成了“丫环移步出了窗”，让现场的观众哄堂大笑。马如飞立刻意识到自己的口误，不过他灵机一动，赶紧补充了一句：“到阳台去晒衣裳。”听众一听这巧妙的补白，立即报以热烈的掌声。谁知接下来，他一疏忽，又把“六扇长窗开四扇”唱成了“六扇长窗开八扇”。这时观众不再喧哗了，而是安静下来，看马如飞如何补救。只见马如飞依旧不慌不忙，继续唱道：“还有两扇未曾装。”台下顿时掌声满堂。

这里，马季和马如飞处理失误的方法都是值得我们学习的。可见，演讲时如果出现遗漏或念错词、讲错话的失误，演讲者最好能够悄悄改过，不露痕迹。比如，发现自己漏讲了某一点、某一段，可以随后补上，不必声张；念错某个字词，或讲错某句话，也可以及时纠正，或在第二次出现时纠正。万一听众发现了你的错误，也不要紧，演讲者不妨将错就错，自圆其说。在这方面，表演艺术家有许多成功的经验可以借鉴。

演讲者如果出现类似失误，完全可以借鉴这种补救的做法。例如，某同学作演讲时，想用一段诗作为开场白：“浓浓的酒，醇醇的。”但他一上台就念成了“酒”，将“浓浓的”漏掉了。他灵机一动，将错就错，干脆将诗改成：“酒，浓浓的、醇醇的。”听众对他的妙改报以热烈的掌声。

那么，究竟应该怎样补救呢?

1. 直接正误

不小心说错话时，你不必刻意承认错误，也不必道歉，只需要在听众还没反应过来时将正确的话再说一遍即可，这样，既纠正了自己的错误，又能让演讲继续下去。我们来看下面两句话：

“1972年8月1日，1927年8月1日，是中国人民解放军的建军节。”

“在这次语文、数学统考中，我校考生取得了较好的成绩，两科及格率分别为85%和90%，分别为90%和85%。”

这里，第一句话中，演讲者的错误在于说错了年份，而第二句演讲者的口误在于颠倒了数字顺序，但演讲者在认识到自己的口误后，都立即作出了纠正。在一些书面材料中，这些失误会让人啼笑皆非，但是在演讲中听众一般不会为此大惊小怪，因此演讲者也不必紧张。

2. 巧妙否定

与上法所不同的是，它不是直来直去，而是通过设问形式巧妙地否定口误。因此，只要运用得当，此法会显得更机智、更有审美价值。

其具体做法：一种是自己提问——自己回答。

例如，某厂团委书记在讲到“我国古代的四大发明是造纸术、印刷术、指南针和青铜器”时，会场立即笑声四起，机灵的演讲者马上话锋一转：“在上次文化考试中，有份试卷就是这样回答的。对吗?当然不对。四大发明应该是造纸术、印刷术、指南针和火药。”

另一种是自己提问——听众回答。

据传李燕杰有次演讲发现口误后便说：“同学们，这样讲，合适吗?”这时，听众席上便议论开了，胆大的还纷纷答道：“不合适。”“不对。”李燕杰满意地点着头，又赶紧接着讲了下去。类似的例子尚可举出若干来，仅从这两则就不难看出，此法不失为一种良好的脱身术。

从上述分析自然可以得出结论：从根本上讲，克服口误的关键就在于演讲者不断提高自身的修养，只要我们巧妙应对，就能使得演讲顺利进行。

演讲提示：

总结和研究口误的补救方法，是演讲艺术活动的客观要求。在具体的演讲实践中，只要头脑清醒、反应敏锐、判断正确、处理及时和方法灵活，演讲者就可以成功地从口误的窘境中摆脱出来。

微笑应对演讲尴尬情形

相信不少演讲者都遇到过这样的一些窘态，比如，上台演讲时不小心跌倒了，或听众发笑时才发现自己衣服扣子扣错了，或拉链没拉好，或帽子戴歪了……遇到这些情形，演讲者多半会感到尴尬。笨拙的化解方法是，演讲者跟着听众一起笑，在笑声中恢复常态。对此听众一般是不会介意你的失误的。高明的化解方法，当然是演讲者能够借事发挥，说几句补救的话。

传说古代有个石学士，一次骑驴不慎摔在地上，换作一般人，一定会不知所措，可这位石学士不慌不忙地站起来说："亏我是石学士，要是瓦的，还不摔成碎片？"一句妙语，说得在场的人哈哈大笑，这石学士自然也在笑声中免去了难堪。

再如，一位胖子摔倒了，可说："如果不是这一身肉托着，还不把骨头摔折了？"换成瘦子，则可说："要不是重量轻，这一摔就成了肉饼了！"

同样，演讲中，面对尴尬和难看的局面，要想摆脱窘境，就要及时调整心态，做到提得起、放得下、想得开。这样不仅可以使自己不满的情绪得到平衡和缓解，还可以使别人对自己有一种全新的认识。

又如，获得奥斯卡最佳女主角奖的雪莉·布丝莱上台领奖时，由于跑得太急，上台阶时绊了一下，差点摔倒。她在致辞时说道："我经历了漫长的艰苦跋涉，才到达这事业的高峰。”这句应变的开场白简直妙不可言。她将上台领奖遇到的挫折与拍电影历经的艰辛巧妙地结合在一起，既揭示了达到事业顶峰的真谛，又化解了险些摔跤的尴尬，可谓一举两得。

有一位叫阿丽的女孩，虽然没有出众的容貌和迷人的身材，但为人性情开朗、正直、幽默。许多人一旦和她交往几次，就会被她的幽默所吸引，不知不觉地感受到她的魅力。

有一次，阿丽参加同学聚会，和同学们回忆起大学时代的美好生活。不料，主人在招呼客人时，一不小心将一盆水打翻，全洒在了阿丽的脚上，把她那双新皮鞋泼湿了。主人不知所措，显得十分尴尬。阿丽却从容镇定地说：“一般正常情况是洗脚之前先脱鞋。”一句话，使满屋的人都笑了起来，难堪的气氛也一扫而光，大家更加佩服阿丽了。

这里，我们发现，阿丽大度、幽默、可爱。当他人不小心将水泼到了自己的新鞋上时，可能很多人都会沉不住气，甚至大发雷霆，但阿丽则轻轻松松地开了个玩笑，不仅解除了双方的尴尬，还给众人留下了好印象。

总之，我们可以看出来的是，演讲中，要想摆脱尴尬，我们首先要做到的就是放开心境，拿自己开开涮，而不是费尽力气自我吹嘘、自我标榜。开自己玩笑，是从平凡的、趣味的、不甚完美的角度来观看自己，让别人有喘一口气的机会，也让自己从遥不可及的宝座上滚落红尘，与众生同声一笑。

演讲提示：

演讲中遇到尴尬时，可以通过戏谑来舒缓气氛，创造一种轻松的氛围，如此一来，尴尬自然荡然无存，反而犹如金苹果落在银盘子中，使你魅力倍增。

因势利导，巧妙反驳听众观点

演讲中，我们在向听众传达观点时，并不一定能说服所有的听众接受我们的观点，那么，突然遇到听众提出反对意见时该怎么办呢？如果不处理好，将使自己陷入尴尬境地，甚至阻碍演讲继续下去。而此时，如果我们能顺水推舟，由着别人的意思进行下去，那么，常常会制造出“柳暗花明又一村”的效果，能够巧妙驳回听众的反对意见。

林肯是个长相一般的人，在某个公共场合，有记者故意找茬：“你长成这个样子，还出来干什么？不如躲在家里别出来。”

这话自然是很不礼貌的，但林肯只是淡淡一笑，回答道：“很抱歉，我这是身不由己。”

号称“无冕之王”的记者是非常擅长给名人们制造麻烦的，有许多名人都曾面对过记者的刁钻提问，常有无法回答的烦恼。如果应对不慎，就会使自己的形象大受影响，这是显而易见的；但那些充满智慧和才学的人往往能八仙过海，各显神通。这里，林肯使用的就是顺水推舟制造幽默的方法，“身不由己”是就他的长相来说的，天生如此，他也没有办法。大家听了，都笑了起来，难堪的局面也就过去了。

一天，一个大学刚毕业的新人来到一家著名企业应聘。乍一看，他没有任何特别的地方，但仔细观察后不难发现，这个小伙子的脸上透露出一股罕见的自信和胸有成竹的微笑。

小伙子来到大厅，看到经理已经在收拾东西了。他只盼着赶紧面试完最后一个人，好快点回家休息。经理瞥了一眼小伙子，便面露难色地说：“我们不能雇用你了。因为这里已经有足够多的职员，我们连他们的名字都登记不完。”经理想让小伙子知难而退，没想到，小伙子却气定神闲地说道：“既然这样，那我看你们还缺少一人。不如您安排我做这份工作，我来专门为您登记职员们的名字。”

经理吃了一惊，想不到这个其貌不扬的小伙子居然能一语惊人。他马上放下正在收拾的东西，认认真真地询问起小伙子的情况来。最后，小伙子凭借着自己风趣的谈吐和自信的风度，成功进入这家知名企业。

生活就像巧克力，没有人知道下一颗是什么味道。就像这个故事里的小伙子一样——被拒绝，没什么大不了的。不要把尴尬看成尴尬，多一点点自信，你就能灵机一动，把别人给你出的难题顺水推舟地还给对方，用幽默的应答让对方对你刮目相看。

当然，要利用顺水推舟的方法制造幽默，从而解除危机和矛盾，还需要我们从一些逻辑思维方法上入手：

1. 逻辑推理，以理服人

以与自己相关的生活理论做“挡箭牌”，符合逻辑，轻松扳倒对方。

作家对厨师说：“你没从事过写作，没有权利对我的作品提出批评意见。”

厨师对作家说：“我一辈子也没下过蛋，可是我能尝出炒鸡蛋的味道如何，母鸡能吗？”

厨师根据逻辑推理反驳作家，这样类推，作家成了母鸡。这个回应既阐明了道理，又让作家自食其果、哑口无言。

2. 将错就错，随机诡辩

既然无法正面辩解，那就将错就错，以随机应变来阐释有悖于常理的哲学，从而“化腐朽为神奇”。

一个推销员在一家百货商店里展示他的“折不断的梳子”，他让梳子接受各种压力的考验，以此吸引人们的目光。最后，推销员把手放在梳子两端向中间弯折，啪的一声，号称“折不断的梳子”断了，他不失时机地拿起两半梳子让大家看，并高声说道：“先生们，女士们，我想让大家看看‘折不断的梳子’的内部结构……”

号称“折不断的梳子”断了，甚为尴尬。而推销员将错就错，显得十分沉稳老练，并说是自己有意让大家看梳子的内部结构，缓解了紧张的局面，他的反应值得称道！当然，这里的顺水推舟，是顺的自己的水，是本着解决自己无意酿造的危机为目的的。

3. 先发制人

罗斯福在当选美国总统前，曾在海军任要职。一天，他的一位朋友向他打探海军在加勒比海一个小岛上建立海军基地的保密计划。罗斯福向四周看了看，压低嗓门说："你能保密吗？""当然能！"朋友爽快地答应了。"那么，"罗斯福微笑地说，"我也能。"

罗斯福以怪制怪的反向思维确实应用得恰到好处，既让对方明白了自己的态度，又对对方这种行为的不合理性加以反驳，以同样的手段应对，甚为高明。

演讲中也是如此，在听众提出反对意见前，我们最好防患于未然，只有做到理据充足，才能堵住听众的嘴。因为反对意见出现再处理难免会增加解决的难度，也可能会造成听众心理上的对抗。

演讲提示：

演讲中遇到听众的反对意见时，我们需要以高度的机智、敏锐的眼光找到解决问题的方法，然后轻松地开个玩笑，这时候，问题便迎刃而解！

第 /10/ 章

演讲辅助，无声的态势语言

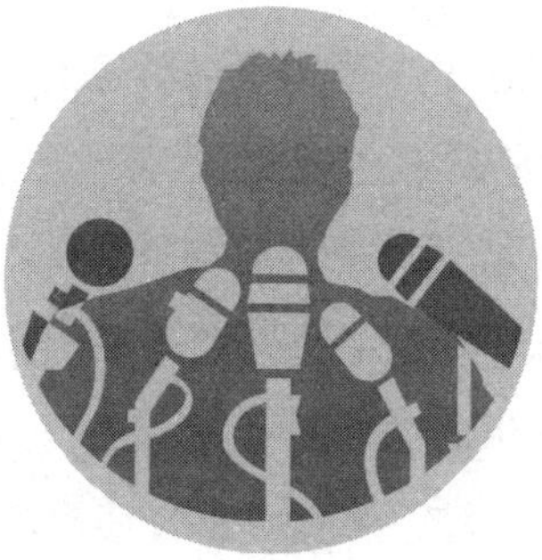

现实生活中，我们很多人都需要当众讲话，也就是演讲。而良好演讲效果的获得，不仅需要我们掌握一些演讲技巧，更需要我们从非语言的角度进行练习，如修炼打动人心的肢体语言、平易和善的微笑等。总之，一个有实力的演讲者不但能“讲”，更会“演”，他总是能在举手投足间就感染听众！

演讲肢体语言的运用

所谓“演讲”，顾名思义，不仅要“讲”，还要“演”。任何一个需要演讲的人都明白，站在台上讲话与在台下讲话毕竟不是一回事，站着讲与坐着讲，感觉又不一样。站在台上，你的一举一动都会对听众产生重要影响。可能一些人会认为，只要尽力控制住自己，在台上不哭不笑、不走不动，就不会出现什么问题了。其实不然，这样你就成了一具会说话的木偶，这样的演讲，只能让听众觉得可笑。

成功的演讲家，大都是富有活力和精神抖擞的人，他们具有爆发力，可把内心的情绪迸发出来。因此，如果你想让你的演讲更精彩，就不要忽视肢体语言的力量，在演讲的时候不仅要报告一些事实，还应把自己的肢体语言注入演讲中，只有这样，才会真正打动听众。

体态语，顾名思义，就是借用身体表达出来的语言，也称为身体语言、肢体语言、无声语言。体态语包括动和静两种。动态语包括手、脚、头等所做出的姿势，站姿、坐姿、服饰等就属于静态语了。体态语在演讲中的使用范围极广，使用频率也极高。在演讲中，我们一登台亮相，还未开口便已经用体态语给听众留下第一印象。鉴于此，你若能在演讲中恰当灵活地运用体态语言，可以辅助口语以更好地表情达意。

可见，演讲中，真正展现热情与真诚的有时候并不是语言，也就是说，也许最重要的说话技巧之一并不是语言，而是我们的身体。掌握一些基本的肢体语言，能帮我们更快地抓住听众的注意力。

这需要我们在演讲中，尝试使用这些肢体动作：

1. 偶尔张开你的双臂

这是一个热情的动作。可以想象，当你遇到某人的时候，如果他交叉双臂站着或坐着，说明他很冷漠，一点也不高兴。因此，当你交叉双臂站着或坐着时，你给他人的感觉是：你不愿意交谈，你有防备心，你将自己封闭起来了。手捂着嘴（或手捂着嘴笑）或支着下巴的动作表明你正在思考。反过来，你也可以想象一下，如果是你，也可能不会打扰一个正在深思的人吧。另外，如果你双臂交叉，那么，你自身也会显得局促不安，以致让他人也不愿意靠近你，因为，在与你交谈的时候他们也会感到不自在。

所以，如果你想向听众表达出你的热情，就张开你的双臂，即便看起来有点夸张，也比交叉抱着双臂要好得多。

2. 演讲时身体微向前倾

当你和对方谈话的时候，身体微微前倾，这表明你对他的话题感兴趣。而这对于他来说，显然是一种尊重，他自然很愿意同你交谈下去。

3. 带着笑脸演讲

美国前总统里根的演讲便发挥了微笑的作用。演讲开始之前，里根总是先微笑示人，让人倍感亲切，给大家留下一个极好的印象；演讲过程中也处处让人感到平易和善，而非高高在上。这样的总统作风自然受人欢迎。拉近与他人距离，最有效的方法莫过于以微笑示人。

除了以上三点外，我们在演讲台上该怎样站、怎么看，甚至细化到一个眼神、一个动作都是重要的问题。懂得恰当地运用体态语，熟悉一些表演艺术，是使演讲者能在台上轻松自然地演讲的必要前提。

总而言之，体态语是演讲表达的重要方式之一。它不仅能有效地帮助你传情达意，使你站在台上不至于太呆板，还能塑造你的形象，给听众留下深刻印象。

演讲提示：

我们通常会以为交际的技巧在口头语言上，而实际上，这只是人们的主观感受，事实并不是如此。人们使用最频繁的是非语言的交谈方式，这就是人们常说的“肢体语言”，它通常在说话之前就已经表达出了我们的感觉和态度，反映了我们对他人的接受度。演讲中也是如此。因此，我们一定要注意肢体动作的利用。善用肢体语言，能拉近我们与听众的距离。

严肃表情在庄重演讲中增强效果

可能我们都有这样的生活体验：在嘈杂的市场里，卖货的人一口一个“帅哥”或者“美女”。为何他们称谓礼貌，却无法让人感到他们的称赞是真实的呢？因为他们满脸带笑、嬉皮笑脸，有失沉稳。

同样，演讲中，我们强调说要带着微笑讲话，但我们不能总是“卖弄你的笑脸”，尤其是在那些庄重的演讲场合。这样做，要么让人生厌，要么让人觉得你夸夸其谈，要么让人觉得你酸腐，要么让人觉得你不成熟稳重，而且，如此所述，这样又会让人看清你的思想。

事实上，演讲中，真正会说话的人即使不露声色也能让人感受到来自他的强大气场。

《三国演义》“徐州战”中有这么一段：

刘备领着关羽、张飞、赵云、太史慈等人日夜兼程赶到徐州，欲与孔融、田揩会合。但来迟一步，小沛城已被曹操攻破，此时徐州已经被重重包围。

……

后来，怒气冲天的张飞冲入曹军阵中，那气势让曹军顿时间人仰马翻，他的丈八蛇矛足以将一切挡在他面前的东西都搅得一团粉碎，甚至一向以勇敢著称的青州兵也退避三舍，瑟瑟发抖。

张飞直入曹军，此时，要取个将领首级，简直如探囊取物。

尽管周围有众多士兵保护，但是曹操还是泛起一丝寒意；虽在两丈外，但是张飞的丈八蛇矛早已直指曹操。曹操想要退入后阵之中，却发现张飞的气场早已锁定了他，只要他一动，那凌厉的气劲就会将他割得粉碎。刹那间，仿佛只剩下他们两个人，也没有人能帮得了他，那高耸的帅旗此时也仿佛如支持不住般轰然倒下，丈八蛇矛猛然向曹操刺来，曹操几乎绝望地闭上了眼睛。

……

这时曹军的将领也都退了回来，最惨的要属于禁，背上被管亥劈了一刀，要不是仗着马快，恐怕已经被劈成两段了。

曹操与刘备的首次交锋就这样落下帷幕，曹操在占据着绝对优势兵力的情况下大败而回，伤亡近五千人，而这只是这两个绝代雄主的第一次碰撞。

刘备与曹操首次交锋大获全胜，其中少不了张飞的功劳，他和曹军交锋的时候，和曹操正面对决，凭着一股不怕死的精神，在气场上以绝对优势压倒了对方，胜利自然势在必得。而张飞的气势是从何而来？从心理学的角度看，固化在人脸上的表情显示的是个人的性格特点，张飞一脸严肃，着实令人望而生畏。

人的面部表情极为丰富，这和人的内心世界极为丰富有着直接的联系。人的面部表情是在长期的社会生活中逐渐形成的，人类最初的表情，表现的就是人内心的真情实感。

当然，演讲中那些总是不苟言笑的人，也是无法获得听众好感的。说话有气场并不是说要使人畏惧，而是要达到令言语深入人心的效果。可见，你必须掌握好"笑"与"不笑"的度。因此，你需要做到：

1. 面部表情不可过于丰富

也就是说，如果你希望自己是个有威慑力的人，那么，演讲时，就不可对人挤眉弄眼、大笑或者大哭等，否则就是一种失礼的表现，适度微笑即可。

微笑是一个人内心感情的体现。当你微笑着与别人说话时，也会使对方感觉放松，从而进一步营造融洽的气氛。

2. 眼神不可游离不定

严肃的表情会让说出的话更有气场，但假如你神态木讷、面无表情，即使嘴在动，并说出了语言，也会让人有拒人于千里之外的感觉。因此，记住，除了微笑之外，你最好还应注意你的眼神，眼神不可犀利、凶狠，但一定要炯炯有神，不可游离不定。

演讲提示：

人们的思想可以表现出不计其数的复杂而又十分微妙的表情，并且表情的变化十分迅速、敏捷和细致，可以真实、准确地反映情感与传递信息。有经验的人通过观察人的表情及其变化，可以探知对方的内心世界。因此，演讲中，我们更应懂得通过自己的表情来传达我们的内心世界。

超级实用的演讲手势语言

所谓演讲的手势，顾名思义，指的就是演讲者在演讲时手部动作的姿势。演讲的过程，其实就是演讲者与听众进行思想和观点交流的过程，与一般的交流活动不同，演讲不仅要“讲”，还要“演”，“演”就是一种演示，大多数时候，我们不需要演示的道具，只需要依靠自己的手势，就能巧妙抓住听众的心。

事实上，我们不难明白的是，在人类所有的肢体语言中，产生肢体语言最多的应为手，而且，手部动作的幅度是最大的。在人类的进化过程中，双手劳动起着不可代替的作用，它甚至推动了人类的进程。

演讲中，自然而安稳的手势，可以帮助演讲者平静地说明问题，减少紧张感，演讲者通过富有变化的手势来增强语言的表现力。诚如早期马列主义宣传家叶·米·雅罗斯拉夫斯基所说的：“演讲者的手势自然是用来补充说明演讲者的观点、情感与感受的。”

我们总结出的演讲的手势可以分为四类：

一是指示手势。这种手势表现出来的是真实的形象，但同时还是可分为实指和虚指两大类。实指是指演讲者手势确指在场的人或事或方向，且均在听众的视线内。如“这里”或“那边”，“这边”或“上面”，“这些”或“这一个”等。虚指是指演讲者和听众不能看到的人事物。如“在很久很久以前”“在遥远的地方”。常用虚指可伴“他的”“那时”“后面”等词。相对来说，指示手势更多传达事实，不带过多的感情色彩。

二是模拟手势。演讲者可用手势来表述一些形状，为的是让你想描述的事物更形象，比如，说话时，你可以用双手合抱，把梨子虚拟成一个大球形。模拟手势信息含量大，升华了感情，有一定的夸张色彩。

三是抒情手势。这是四种手势中情感色彩最为浓厚的，也是运用频率最多的。比如：伤心时掩面哭泣；急躁时搓手；兴奋时拍手称快等。

四是习惯手势。人都是有个体差异的，在一些行为动作上也是如此，都有他人所没有的习惯手势，且手势的含义不明确不固定，随着演讲内容的不同而体现不同的含义。

演讲中，如果听众出现以下动作，表明他们对你所说之话抱有消极的态度：

（1）当你兴致勃勃地表达自己的观点时，对方却不时地抓耳朵，表明他对你的话已经不耐烦了，他希望你打住话题，也可能他希望你能给他一个表达的机会。

（2）如果与你交谈的是一个群体，当你说话时，他们大多出现了交叉双臂或用手遮嘴的动作，则表示他们根本不相信你的话。

（3）说话时用手搔脖子表示人们对所面对的事情有所怀疑或不肯定。

另外，从演讲者的角度看，为了获得听众的信任，产生积极的谈话效果，我们可以尽量做出以下动作：

（1）说话时，尽量手心朝上，因为这一动作所传达的信息是：我是坦诚的、不说谎的。

（2）摊开手掌以赢得他人的信任，但如果这是你的习惯性动作，那么，就不灵了。

（3）握手时掌心向上，并垂直与对方握手，能表明你性格温顺，为人谦虚恭顺，愿以彼此平等的地位相交。

演讲中的手势可以说是“词汇”丰富，千变万化，没有一个固定的模式，想要成为一个出色的演讲者，平时就要认真观察生活，刻苦训练，积极付诸实践。

当然，演讲中，运用任何手势都贵在自然，切忌做作；贵在协调，切忌脱节；贵在精简，切忌泛滥；贵在变化，切忌死板；贵在通盘考虑，切忌前紧后松或前松后紧。

演讲提示：

演讲中，手势既可以引起听众注意，又可以把思想、意念和情感表达得更充分、更生动、更形象，从而给听众留下更深刻、更鲜明的印象和记忆。

保持眼神交汇，了解听众需求

我们都知道，人类是一种视觉动物，眼睛是人获取90%信息的来源，同时也是传达信息的重要途径。除了语言、表情、动作以外，我们从他人的视线中也能获得很多非常重要的信息，可以从中分析对方的心理。

曾经有个叫詹姆士的建筑家，他发现了一种可以防止偷盗行为的方法，并且，他把这种方法应用到工作中——他画了幅皱着眉头的眼睛抽象画，镶于大透明板上，然后悬挂在几家商店前。

如他所料，在那段时间，城市的盗窃案少了很多，当警务人员问其原理时，他说：“我画的虽然并不是真正的眼睛，但毕竟做贼心虚啊，他们看到眼睛，必然会极力避开该视线，以免有被盯梢的感觉，因此，便不敢进商店内，即使走进商店里，也不敢行窃了。”

这就是眼神的力量，那些小偷看见的虽然是假的眼神，可是仍有种心虚的感觉，因此，都想极力避开该视线。所以，要解读一个人的内心世界，从视线入手最好不过。

因此，在演讲中，作为演讲者的我们可以观察大部分听众的视线变化，以了解他们的心理变化，以此来调整我们说话的方向。

下面是演讲大师和心理学家对此作出的几点分析：

1. 目光突然变得斜视，表明藐视、拒绝或者提起兴趣

细心观察，你会发现，在商业谈判中，彼此对立的双方会有这种眼神。

还有个特殊的情况，那就是一旦人们对某个人或事产生兴趣时，视线也会产生这样的变换。演讲中，如果大部分听众对你产生这样的视线变化，那么，你就要引起注意，你的话是否引起了某些观众的反感，或者是某些观点正合某些观众的心意。

2. 视线突然转向远方，表明观众对你的谈话不关心或正在考虑别的事情

如果观众有这样的反应，那么，很有可能他正在心里盘算你的话，以确定是否是正确的；或者对你的观点嗤之以鼻，表示否认。总之，遇到这样的情况时，你应该继续论证你的观点，给出充分的证据，以重新获得观众的信任。

3. 对方的眼神没有表情，表示心中有所不平或不满

可能你会认为，没有表情的眼神应该是内心没有波动的情况下才有的，这种想法是错误的。人的思维产生变化时，会有不同的表现，有的闭起眼睛，有的则呆滞地望着远方，还有的则会出现毫无表情的眼神；一旦思维整理妥当或产生新的构思时，眼睛则显得很有神，或出现有规律的眨眼现象。这也是此人接着将要说话的信号。所以，演讲中，听众面无表情不是好现象。

4. 听众眼神发亮略带阴险时，表示他对你不相信，处于戒备中

我们经常看到的是，那些打扮太过妖艳或奢侈的女性，走在大街上，也很容易招致这种眼神。

与听众初次接触时，如果他们有这样的眼神，而你觉得自己并没有做错什么，很有可能是他们曾经听到过一些关于你的负面消息，当然，这一消息很有可能是不实的，你要做的就是尽快澄清误会。

总在，在演讲中，与听众视线的交流是沟通的前奏。一个人的视线可以从不同角度和不同的观点来了解。其一，听众是否在看着自己，这是关键；其二，听众的视线是如何活动的；其三，视线的方向如何，也就是观察听众是否以正眼瞧着自己，或以斜眼瞪着自己；其四，视线的位置如何，究竟由上往下看，还是由下往上看；其五，视线的集中程度。这些表现所代表的意义是各不相同的。

演讲提示：

通过人的视线，我们能窥探出人的内心活动。人们在社会生活中，如果内心有什么欲望或情感，必然会表露于视线上。因此，演讲中，如果能通过视线了解听众的心态，那么，对于我们的演讲来说是有重要意义的。

选好姿态，让你演讲更自信

可能我们都有这样的感受，在开会或者一些公共场合下，一些人即便端坐在最显眼的位置，听众对他们所说的话也提不起兴趣，甚至昏昏欲睡；也有一些人，他们笔挺地站在演讲台上，慷慨激昂地陈述着自己的观点，听众也被他们的情绪所感染。造成这一迥然不同的现象的原因当然是多方面的，但我们不得不承认的一点是，挺直腰板说话，往往更能体现说

话者的积极情绪，也更能打动听者。因此，从心理学的角度看，演讲时，演讲者只有站立着、挺直腰板才能产生心理优势，更易让自己产生强大的气场。

那么，什么是心理优势呢？心理优势是一种内在自我的空间延伸，直接决定了一个人对周围人的影响力。你是一团火，旁边的人便感到热；你是一块冰，旁边的人便感到冷；你是一缕春风，旁边的人则感到舒适怡然。故我们要在人群中活得自由快乐，首先便要使自己具备一定的心理优势。

下面有两个实例：

第一堂课是贾老师的数学课。贾老师是个资深教师，上课时他喜欢先带一把椅子，然后坐在讲台上，只有必须要在黑板上写字的时候，他才站起来。他的这种授课习惯导致很多学生昏昏欲睡，对此，贾老师很愤怒。下课后，要老师把一个在课堂上呼呼大睡的学生叫到办公室，说："我看你实在太疲累了，眼下高考在即，你必须调整好自己的状态。这样吧，老师干脆让你回家好好休息几天，再精神饱满地投入学习。"学生自然不肯。老师坚持，学生只有流泪无语。

第二堂课是王老师的语文课。她走进教室时，自己先把椅子搬到讲台下面，然后开始上课。课上，她看见黑板没擦，就主动擦黑板，边擦黑板边讲课，并对学生们说："今天的值日生可能太困了，今天老师替你值日了啊。"说完，同学们都笑了，那个打瞌睡的学生也醒了。随后，这堂课上，王老师因为发现同学们学习的氛围都不高涨，便在教室里边走动边讲课，打瞌睡的学生们也一个个清醒过来了。

这两个例子颇堪玩味。经过对比，我们发现，一个老师在上课时的姿态直接关系到学生的听课情绪，站立、走动着为学生讲课，更能带动课堂教学气氛和学生学习的热情。因此，对于一名教师来说，如果能改变一下自己的授课方式——多站立着授课，那么，是能有效地解决学生在课堂上昏昏欲睡的现象的。学生的学习热情提高了，便能做到不旷课、不迟到早退，上课安安静静。

的确，挺直腰板说话，能创造心理优势，但并不是所有的人都能做到

“站如松”、体现出自己的精气神，有些人甚至一站到众人面前便畏畏缩缩，不知从何说起，这对演讲效果是极为不利的。为此，你必须做到：

1. 主动交往，底气十足

有些人，既想在众人面前谈论自己的观点，又怕被别人耻笑。于是，在这种左右矛盾的心理影响下，他们虽事先想好了许多话，可是一站在生人面前就全忘了，大脑仿佛一片空白。另外，当他们唯唯诺诺地站在对方面前的时候，人家也会认为他们心里没底，自然不愿与他们交往。而假如他们在演讲前先调整好自己的心态，主动营造出一种有利于自己的演讲氛围，那么，或许又是另外一种情况。

2. 时刻保持良好的社交礼仪

中国是礼仪之邦，万事以礼相待，一个懂得礼数的人会做到“坐如钟，站如松”，由内而外散发出吸引人的气质，这类人往往也不缺朋友。

总之，演讲中，挺直腰板说话能为我们创造心理优势，让听众看见我们的良好素质和修养，从而愿意接纳我们的观点。

演讲提示：

一些人在演讲中总对别人采取躲避态度，总是表现出一副毫无精神的状态，要么想寻找“一把椅子”，要么疲软无力，这类人是很难在演讲中成功影响听众的。你要想克服这一点，首先就要大胆站起来，并挺直腰板，让听众看到你的魅力！

得体装扮，为你演讲增添个人魅力

我们都知道，演讲是一门语言艺术，演讲者也是千种模样，有可能是口若悬河的法庭律师，也有可能是热情奔放的公关人士；有可能是精神奕奕的老者，也有可能是生机勃勃的学生……职业不同，年龄有别，表现出来的举止修养也不一样，但无论是谁，在演讲前都要作好充足准备，其中就包括穿戴。

可以说，得体的穿戴会让你在演讲中自信满满。得体、有品位的服装能给别人良好的第一印象。因为人们对他人的印象很大一部分是视觉上的，这就是“3分钟印象”。如果演讲者不太在意打扮，蓬头垢面、肮脏邋遢，就会让听众产生视觉上的不适感，乃至对他的演讲嗤之以鼻；但如果装束过于华丽、过于时髦，花哨俗气，过度“美化”自己，也叫人不能接受。那么，什么是得体的演讲穿着呢？

我们先来看下面一个故事：

从大学毕业以来，陈进就一直在这家小公司做销售。虽然自己的业绩一直不错，但陈进一直认为自己可以有更好的发展，于是，他经常抱着骑驴找马的心态，在工作的同时，还给其他大公司投简历。终于，他投出的简历有了回应，这不，一家跨国大公司的人力资源部门给他打了电话，让他第二天去面试。不过这家公司面试的形式是演讲。

第二天一大早，陈进就来到了这家公司，他是有实力的，三年来的工作经验早已将他磨炼成一个能说会道的人，演讲中，他口若悬河，让在场领导频频点头。

但最终的面试结果让陈进感到很意外，陈进并没有竞聘成功，董事长选择了另外一个男士。

陈进当然很苦恼，但他更纳闷董事长为什么没有选择自己，因为明眼人都能看出来陈进无疑是其中最优秀的。为此，陈进好奇地找一个面试官询问原因。面试官很惋惜地说：“其实，您各个方面都非常符合我们的要求，但是，您在仪表方面略有欠缺。要知道，我们是跨国公司，需要打交道的都是高级商务人士，每个员工都代表了我们公司的形象，所以董事长还是选择了仪表方面比您好的那个应聘者。”

听到这里，陈进更不明白了，他说：“可是，我已经非常重视形象了啊，您看，我身上穿的西装是特意去商场买的，花了我两个月的工资呢！”面试官笑着说：“我知道您的西装是刚买的，因为您忘记把袖口的商标拆下来了。不过，我个人认为，如果您能够给这身高档西装再配一双好的皮鞋，那就更好了。要知道，皮鞋才是着装的细节，能够暴露您的着装习惯和品位。”

在这个事例中，准备充分的陈进为什么没有获得应聘的成功呢？问题出在了鞋子上。从面试官的话中，我们可以看出，虽然陈进穿了一身新西装，但是没有一双新皮鞋与之匹配；虽然他上了鞋油，也擦得油光锃亮，但是旧鞋子难免有些松垮，失去了挺拔俊朗的外形。

不得不说，现代社会，人们的服装文化趋于多元化，个性的着装风格日益凸显，但是在演讲中，绝不能“穿衣戴帽，各凭所好”，要讲究一定的原则。具体来说，有以下五个方面：

1. 独特的着装风格

不管干什么事情，最忌讳的就是跟风，演讲中的着装是能体现一个人品位和风格的，因此，千万不要盲目地追赶潮流。

2. 整体协调

着装的时候，不要把各个部分分开看，而要把它们作为统一的整体，进行合理的搭配，使之看起来和谐自然，完美地衬托出你的气质。

3. 干净整洁

演讲场合，也不管你所穿的衣服是昂贵还是便宜，首先的要求就是干净整洁。即使你因为家境贫寒而衣服上有补丁，也要保持干净清爽，因为这样能够使别人觉得你的内心是热爱生活的。当然，现在已经很少有人穿打补丁的衣服了，所以在保持衣服干净整洁的基础上，还要保持衣服的平整，最好不要有洗不掉的污渍等。

4. 着装文明

演讲中的服装要求不能过于暴露，因此，尽量不要穿袒胸露背，暴露大腿、脚部和腋窝的服装，更不要在演讲时赤裸着胳膊。

5. 着装技巧

在着装方面，假如有心学习，其实是有很多讲究的。例如，女士穿裙子时，所穿丝袜的袜口应被裙子下摆所遮掩，而不宜露于裙摆之外；男士穿单排扣西装上衣时，三粒钮扣的要系中间一粒或是上面两粒，两粒钮扣的要系上面一粒等。

总的来说，演讲服装的要求就是朴实大方、干净舒适，这样才能给听众留下好印象。

演讲提示：

演讲是一门综合艺术，既要求演讲者有美的声音和语言，还要求演讲者有美的仪表，因此，演讲者在演讲前一定要认真琢磨如何把自己打扮得更好些。

准确把握演讲中的情感表达

俗话说："酒逢知己千杯少，话不投机半句多。"在参与演讲的听众中，免不了有一些形形色色的人，我们总希望能给听众留下十分美好的印象，从而得到听众的认可。面对陌生的听众，我们仅仅靠个人的外貌、举止、服装等外在的东西来表现是远远不够的，最重要的还是要用出众的口才来提升自身的凝聚力，让听众对我们产生欣赏和赞美之情。

可能很多演讲者认为，演讲中只有树立自己的专业和权威形象才能让听众信服，其实，演讲大师认为，只有带动听众真情实感的演讲，才是成功的演讲。因此，多说感性的话，让演讲在轻松、和谐的氛围中进行才有利于我们达到演讲目的。

郑毓芝是中国老一辈的演员，她曾演过话剧《光绪政变记》中的慈禧太后，一次，她被邀请参加一个演讲，主持人是这样开场的：

"同学们，今天，我们好不容易把'老佛爷'慈禧太后请来了！老佛爷郑毓芝同志在戏台上盛气凌人，皇帝、太监、大臣见了都诺诺连声，磕头下跪。而在台下，她却和蔼可亲，热情诚恳。她方才和我谈起，还曾扮演过《秦王李世民》中的贵妃娘娘、话剧《孙中山》中的宋庆龄。她是怎样把这些截然不同的人物表演得栩栩如生的呢？下面就请她发言。”

在这里，主持人很幽默地把发言人是谁、她的概况及发言的内容巧妙地介绍了出来。演讲者讲话一定要有开场精彩、恰当连接、灵活应变的特点，应该打破千篇一律的格式。“现在开会，请领导作报告”“这次活动马上开始，第一项进行的是……”如果只是这样作一下简单的介绍，那么就很难激起下面听众的兴趣，你应该根据活动的具体情况，或说说会议内容，或讲讲形式，或道道特点，或提提要求，或谈谈“历史上的今天”。

演讲中，我们都希望听众对自己产生好感，因此，我们应该从说话开始做起，用漂亮得体的语言来使听众的眼睛为之一亮，同时也给自己在听众心中的形象加分。这就需要我们从感性的角度说话。具体来说，我们在说话的时候可以从以下几个方面来注意一下：

1. 多说亲切的话

如果你说的话净是一些枯燥无味的大道理，或者满脑子“阳春白雪”的思想在作怪，经常说一些文绉绉的话，就会让听众觉得你过于喜欢伪装，以致在内心里就疏远了你。

比如，在和听众寒暄的时候，说一些“路上没有堵车吧”“最近还好吧”之类的话，就会让对方觉得你把他当成了朋友，进而对你产生亲近感。

2. 偶尔说点俏皮话

如果一个演讲者不苟言笑，讲话也只注重信息的传达，对所谓的“废话”“套话”没有丝毫兴趣，那么他所说的话就会是干巴巴的，听他讲话简直就像走进了坟墓一样，没有丝毫的情趣可言。如果一个人在演讲时能够适当地插科打诨或者讲一些无伤大雅的笑话，那么听众就愿意去接近他，把他当成可以交往的好朋友。

3. 热情诚恳地说话

美丽的语言是需要一定的感情做基础的，如果失去了热情和诚恳的铺垫，任何美妙的语言在别人听来都会味同嚼蜡，毫无滋味可言。我们不妨试想一下，当一个人板着面孔说“你今天穿的衣服颜色很漂亮”的时候，将会是一种什么样的情形？

同样，演讲中，对听众说话时，我们也一定要传达出自己的真诚和诚恳，这样听众的心中就会觉得你是一个十分重视感情的人，对你的印象自然而然地也就加深了。

4. 说话勿以自我为中心

我们在和听众交流的时候，一定要认识到听众的存在，讲出来的话要让听众有兴趣听下去，这样才能起到有效的演讲效果。

事实上，一些人在演讲的过程中，常常滔滔不绝地向听众讲述自己的性格爱好、人生历程之类的话题，有耐心的听者还能保持一种必要的礼貌去做倾听的姿势，没有耐心的人说不定早就扬长而去了。因此，假如你说话太以自我为中心，就会给听众留下一个轻浮、自大、自私的形象，令其失去继续听下去的愿望。

演讲提示：

一个真正善于演讲的人能因境制宜，制造出良好的气氛，最好是除了带给人们乐趣之外，还能使听众能发出来自内心的微笑。

第 /11/ 章

演讲实践，游刃有余的功力

演讲稿的种类有很多，按不同的分类标准，可以分成很多种类型，譬如领导人演讲、竞赛性演讲、论辩性演讲、竞选演讲、就职演讲等。不同的演讲稿在书写和讲话时有着不同的要求，这一章，我们将对生活中常见的演讲进行分析。

竞职演讲，脱颖而出有办法

现代职场，人们都要参与人际竞争，其中一个竞争的方式就是竞职演讲。那么，我们该怎样脱颖而出、把握演讲机会呢？

营销都有个观点，那就是首先要“营销自己”，其实，竞职演讲也重在“营销自己”，只有让听众看到我们的实力，他们才会认可我们。我们先来看下面一段演讲。

尊敬的各位领导、同行朋友们：

大家好！

首先，我感到非常荣幸，因为我能获得校长竞职的资格，因为在我们的师资队伍里，有很多比我更优秀的教师、班主任老师都没来参加，实际上，我也是做了很久的思想工作才决定的，我今年已经36岁了，年纪不小了。从毕业工作到现在，已经有15年的时间了，这些年，我也积累了一些工作经验，包括教学经验和学校管理经验。我现在还有一股冲劲，想在教育行业作出一些贡献，所以我来了。

其实，四年前，也有一场这样的竞聘演讲，热心的朋友和其他教师都劝我参加，但那个时候，我的内心很自卑，觉得自己也年轻、首先应该做好一名老师。

我说出这些并不是以此来显示自己的谦虚，而是因为，我觉得一个人，尤其是一名教师，一定首先要有反思精神，要有真正的自知之明。通过这些年的磨炼和摸索，我觉得自己无论在个人成长还是在教学工作、学校管理等各方面，都有不小的收获。下面我便根据文件要求的三个方面来谈谈自己的情况。

……

最后我想说的是，机会只属于有准备的人，我想借这次参与竞职为自己争取一个机会，同时也给大家多一个选择，也欢迎大家对我以上所讲的内容提出批评指正，不管对我支持与否，衷心感谢在场的耐心听完我讲话的所有领导、同行朋友们！我的演讲完毕。

这段演讲中，主人公通过提及四年前未参加竞职演讲这一事实，表明自己已准备充足。他态度谦虚、言辞诚恳、表达流畅，相信能获得好的竞职结果。

可能很多人会很困惑，工作业绩不就说明了一切吗，难道还需要“自吹自擂”吗？其实，自我表扬并不是一种自吹自擂，更不是办公室政治游戏，而是一种提高能见度的方式。

当然，在演讲中展现实力也有一定的技巧，而且前提是一切都言之有物，而非过度作秀。具体来说，你要做到的是：

1. 精心准备每一次重要会议发言

对于职场人士而言，公司的一些重要会议是展现自己的最佳舞台。这类会议种类繁多。会议上公司高层或专业部门的负责人一般都会在场。一般来说，公司的领导一般都愿意听取公司最底层员工的声音，所以，作为普通员工的你一旦有机会参加这样的会议，千万不要放过每一个发言的机会。你在会上的发言实际上反映了你的思维能力、对工作的认识程度。有了会前充分的调研和资料准备，尤其是数据的整理挖掘，你就可以在会上从一线的角度从容不迫侃侃而谈了。这时，领导一面在听你的汇报，一面已在脑海里盘算你下一步的发展空间了。

2. 多提一些建设性意见

有一位市场一线的女员工，当时，她所在的市场是一个多雨的城市，那年她碰到了百年不遇的洪涝灾害。县城里一片混乱，很多一线的销售人员都手忙脚乱，因为分公司所在仓库里还堆着价值十万多元的货物，一怕水淹，二怕人抢。

此时，经理刚好去省城出差了，无法指挥现场，这位女员工当时组织剩下的几位女促销员，站在齐膝深的水中，把货物转移到安全的地方；洪水一退，就立刻清点在经销商处存放的货物，帮助他们克服天灾的影响，最终完成了当月的销售任务。

省公司该季度例会破例让她参加，当时她含着泪发言，希望总公司能给她所在的片区发放一些特殊的防水物资，这给在场的每个人留下了深刻的印象。会后没有多长时间，她的要求就被总公司采纳了，而她也被提拔为另外一个地级市的市场经理。

演讲中，空谈义理，是无法让听众看到你的实力的；多从专业的角度阐述你对工作的意见和建议，才是展现你实力的最好方法。

3. 间接表达

直接表述自己的实力难免有吹嘘之嫌，甚至还会让听众心生反感。因此，真正会说话的人都会选择侧面阐述，在不着痕迹的情况下自我“表扬”。

演讲提示：

卡耐基曾经说：“不要怕推销自己，只要你认为自己有才华，你就应认为自己有资格担任这个职务。”竞职演讲中，要想击败其他参与者，最重要的就是让听众看到你的实力，进而对你青睐有加。

祝贺词，让听的人心花怒放

俗话说：“人逢喜事精神爽。”人们在遇到喜事的时候自然心情愉悦，而且人类有一个共同的心理，那就是乐于分享自己的喜悦。这就是为什么日常生活中人们在升职、加薪、结婚之际喜欢宴请宾朋了。而出于礼仪的需要，我们自然需要祝贺。但要注意的是，绝不能无视环境，乱讲一通。否则，非但不起作用，反而徒令对方甚至在场的所有人败兴。要得偿所愿，就要掌握祝贺的语言技巧，只有把祝贺的话说到对方心坎里，产生积极的心理作用，你的话才是有效的。我们先来看下面一个故事：

某退休老教授七十岁寿诞，在某酒店大摆筵席，宴会上高朋满座，其乐融融。宴会进行到一半的时候，一个学生出于礼貌，举杯祝贺老寿星。他说："王教授一直是我们最和蔼可亲的老师，每当我深夜看书的时候，我总是会想起他的音容笑貌。"当他这一番话说完后，整个宴会厅鸦雀无声，此人好不尴尬。

故事中，祝贺的人本是出于好意，却用错了字眼，制造了一出令人尴尬的闹剧。一般来说，对于已逝的人才会用"音容笑貌"，在寿诞上使用这一词语，明显很扫兴。

祝贺的方式有多种多样，口头祝贺、书信祝贺、赠礼祝贺等，都有自己特定的适用范围。在多数情况下，几种方式也可以同时并用。一般说来，口头祝贺是人们用到最多的一种祝贺方式。

如何使用口头祝贺，体现出我们是否有公共场合说话的能力。具体来说，要把祝贺的话语说到对方心坎里，需要遵循以下几个原则：

1. 祝贺的时机需要审慎地选择

生活中，适逢亲朋好友结婚、生育、乔迁、获奖、晋升、过生日等喜事时，应当及时向其表示自己为对方而高兴。不然，就有疏远双方关系、心存不满或妒忌之嫌。碰上节日，出于礼貌，向亲朋好友道贺也是必要的。对新开业、扩店、周年纪念等，也应予以祝贺。

2. 区分对象

口头祝贺要简洁、热情、友善并饱含感情色彩，同时要区分对象，回避对方之所忌。

对不同的对象，在不同的时刻，道贺之语的选择应有所不同。

在祝贺同行开业时，"事业兴旺""大展宏图""日新月异""生意兴隆""财源茂盛"等，都是很吉利的贺词。

在祝贺生日时，除了"生日快乐"可广泛使用外，"寿比南山，福如东海"这种是老寿星爱听的祝词，不宜用于祝贺年轻人尤其是孩子们。

对新婚夫妇，使用"天长地久""比翼双飞""白头偕老""百年好合""互敬互爱""早生贵子"之类的祝贺语，能使对方更加陶醉在幸福与憧憬之中。

另外，有些话本意不错，但可能是一些人的忌讳，故宜加以回避。例如，香港人不爱听别人祝他“快乐”——爱讨“口彩”的他们，往往把“快乐”听成与之发音一样的“快落”，那样岂不是太不吉利了！

若明知一位小姐才疏学浅，事业上难有重大进展，那么就不宜用“事业有成”，免得让人家“感时花溅泪”，代之以“生活幸福美满”，或许能让她芳心大悦。

3. 遵循一些约定俗成的语言

例如，“恭喜，恭喜”“我真为您而高兴”就是常用的道贺之语。“事业成功”“学习进步”“工作顺利”“一帆风顺”“身体健康”“心情愉快”“生活幸福”“合家平安”“心想事成”“恭喜发财”之类的吉祥话，大家也耳熟能详。

总之，在“人逢喜事”之时，一句得体的祝贺，可以把你的喜悦之情也传达给对方，从而促进人际间的友谊。

演讲提示：

祝贺，就是向他人道喜。每当亲朋好友在工作与生活中取得了进展，或是恰逢节日喜庆之时，对其致以热烈且富有感情色彩的吉语佳言，会使对方的心情更为舒畅，双方的关系更为密切。

祝酒词，烘托酒桌气氛

中国是个美食大国，餐桌是联系人际感情的重要场所。同时，无酒不成席，中国人喝酒，喝的不仅是酒，还是一种意境和文化。自古以来，素有“行酒令”之传统；到了现代，人们的祝酒习惯有增无减，这也是酒桌上的一个礼仪。

生活中的我们，有时为了迎接一个重要的客人，有时为了庆祝一大笔生意的成交，或是为了祝贺某个有纪念意义的日子，或者是其他重要的聚餐场合，都需要发挥自己的角色职能，祝酒词的任务很可能责无旁贷地落到我们的身上。要记住，各种场面的祝酒词是不一样的，但不论什么场面，祝酒词的表达都要求祝酒者必须诚恳、热情洋溢、满怀激情，起到真正烘托气氛的作用。以下是某公司年会上一位经理的讲话：

“亲爱的朋友们，此刻，我们欢聚一堂，都沉浸在欢乐之中，我无法表达我的心情。一年来，诸位为我们的企业作出了重大贡献，企业越办越红火，蒸蒸日上。今天我们共同举杯，就是为了庆祝我们共同努力的成绩，也感谢大家无私的奉献精神。现在，我提议，诸位，为我们共同的事业和每个人的幸福干杯！”

这段话虽然简短，却表明了宴请的由头，表达了自己内心的感受，为整个宴请起到了很好的开场作用。

酒桌上，一个人若会祝酒，往往能获得满堂彩，不失礼节而又让人刮目相看。而祝酒词带有很强的随机性和变化性，因此，祝酒也考验了一个人在应酬的时候的变通、见机行事的能力。当然，祝酒也并不是毫无章法、毫无规则的，我们要根据不同的场合、时间、地点以及当时的喝酒氛围来祝酒。这门学问涉及方方面面：

1. 在餐会上

如果是私人宴会，则可以让男主人或女主人祝酒。而如果你是上级或长者，那么，祝酒词通常是你的优先权。

2. 在某些仪式场合

通常会有一位祝酒司仪，如果没有，你很有可能需要致必要的祝酒词。而在不太正式的场合，可以在葡萄酒和香槟酒上来之后就提议祝酒。你不必把酒杯里的酒喝干，每次喝一小口足矣。

3. 面对突如其来的“邀请”

酒桌上，一些人经常会在毫无准备的情况下被推举出来提议祝酒。此时最好的解决办法就是说出自己的感受。祝酒词从来用不着太长，可以表达你的敬意和祝愿等。当然，如果你想表现得更有风度、更有口才，你可以适当增加一些回忆、赞美，以及相关的故事或笑话。

4. 当你根本不碰包括葡萄酒在内的各种酒精饮料时

当酒传递过来时，你当然可以谢绝，在祝酒时举起装着饮料的高脚杯。过去，除非是酒精饮料，否则不祝酒，但是今天各种饮料都可以用来祝酒，因为喝酒毕竟喝的只是氛围。但无论如何，你应该站起来，加入到这项活动之中，至少不应该极端失礼地坐在座位上。

具体的祝酒词，应是轻松和谐的，但我们在祝酒的时候，要避免庸俗，否则，会让对方感觉难堪甚至鄙夷，这样的话，我们原本活跃气氛的本意就被倒置了。

同时，祝酒词应当和场合相吻合。幽默感极少会显得不合时宜，但是，在婚礼上的祝酒词应该侧重于情感方面，向退休员工表达敬意的祝酒词则应当侧重于怀旧，诸如此类。

大多数酒宴宾客都较多，所以我们应尽量多谈论一些大部分人能够参与的话题，以得到多数人的认同。因为每个人的身份地位、知识面以及兴趣爱好都有不同，谈话的内容太偏，也许会赢得某个人的好感，却很容易遭到更多人的排斥，影响喝酒的效果。其次，在喝酒的时候，要瞄准宾主，把握大局、分清主次，不要单纯地为了喝酒而喝酒，乃至失去交友的好机会。

在酒桌上，我们一定要学会灵活掌握、熟练运用祝酒词。不然，只会被别人“排山倒海”的祝酒词攻击。当别人劝酒的时候，你可以反客为主，说“怎么能让您敬我酒呢，应该是我向您敬一杯才对”，然后起立举杯，说敬全体一杯，这样他们接下来就不好意思挨个儿对你劝酒了，你可以少喝很多杯。上厕所、接电话也是很管用的一招。还有，为了避免醉酒，形势不对时，还可以把手机设个闹铃，过几分钟闹铃响，谎称自己接电话。对于女性来说，就算会喝也不能喝多，半斤量要让所有人都相信，你只能喝3两多；或是假装不会喝酒，但是在大家劝说下，抿一下酒杯。

这样既保护了自己，又不失风姿，且顾全了对方面子，还会让别人赏识。

可见一个人在酒桌上善于祝酒是何等重要。会祝酒不仅体现了我们才思敏捷，还是口才的一个重要体现，更能让在座者微醉微醒中达到喝酒的目的！

演讲提示：

餐桌上祝酒，可以渲染吃饭气氛，使整个宴席的气氛活跃起来。或许有些人认为自己比较木讷、不大会说话，其实，祝酒的本意就在于烘托气氛，不必拘泥。

得体而又不伤和气的拒酒词

中国式的应酬中，喝酒是必不可少的交际手段。对于一个善于交际应酬的人来说，酒是他们的社交智慧方略，他们善于在推杯换盏中吃出氛围，喝出交情，谈成生意，扩展人脉。其实，很多酒桌上的酒、菜都只是附属品，喝酒也只是一种面子、一种投资、一种手段。精于此道的人，不仅打好了人际关系、积累了财富，也搞好了关系、结识了朋友，一举两得、名利双收。

因此，我们不仅要学会敬酒，还要学会“推杯”，这就涉及如何说拒酒词。酒桌这个交际场所，也是一个考验人演讲能力的场所。我们不能喝酒，那最好学会拒酒；我们的酒量不能让他人痛快，那就凭三寸不烂之舌让大伙儿开心。这样，就能既不伤自己的身体，又不让劝酒者扫兴。

一位老先生，在当地德高望重，他给自己定了规矩：绝对不喝酒。可是，一次宴席上，他的那些同事故意要他破规矩，拼命劝酒。情急之下，老先生说：“劝我喝酒，还不如让我从桌子下钻出去好了。”大家以为他这是辞酒的借口，一人便说：“你如果真的从桌子下钻出去，我喝一碗。”谁知，老先生果真从桌子下钻了出去。那人只好当众喝了一碗。从此以后，再也没有人劝这老先生喝酒了。

因此，如何礼貌地拒绝别人的敬酒，同样是我们要学习的内容。以下是一些可以帮助我们脱离困境的圆滑的拒酒词：

1. 只要感情好，能喝多少喝多少

你可以展开说：“9990朵玫瑰也难成全一个爱情。只有感情不够，才用玫瑰来凑。因此，只有感情好，能喝多少喝多少。我不希望我们的感情凑合那么多水分。我虽然喝少了一点，但是这一点是一滴浓浓的情。点点滴滴都是情嘛！”

2. 只要感情到了位，不喝也会陶醉

你试试这样说：“跟你不喜欢的人在一起喝酒，是一种苦痛；跟你喜欢的人在一起喝酒，是一种感动。我们走到一块，说明我们感情到了位。只要感情到位了，不喝也会陶醉。”

3. 只要感情有，喝什么都是酒

你如果确实不能沾酒，就尽量说服对方同意你以饮料或茶水代酒。你问他：“我们俩有没有感情？”他会答：“有！”你顺势说：“只要感情有，喝什么都是酒。感情是什么？感情就是理解。理解万岁！”然后，你以茶代酒，表示一下。

4. 感情浅，哪怕喝大碗；感情深，哪怕舔一舔

酒桌上，哪怕是千言万语，无非归结为一个字——“喝”。如：“你不喝这杯酒，一定嫌我长得丑。”如：“感情深，一口吞；感情浅，舔一舔。”劝酒者把喝酒的多少与人的美丑和感情的深浅扯在一起。你可以驳倒它们的联系：“如果感情的深浅与喝酒的多少成正比，我们这么深的感情，一杯酒不足以体现。我们应该一同跳进酒缸里，因为我们多年的交情，情深似海。其实，感情浅，哪怕是喝大碗的酒；感情深，哪怕是舔一舔。”

5. 为了不伤感情，我喝；为了不伤身体，我喝一点

他劝你：“喝！感情铁，喝出血！宁伤身体，不伤感情；宁把肠胃喝

个洞，也不让感情裂个缝！”这是不理性的表现，你可以这样回答：“我们要理性消费，理性喝酒。‘一半清醒一半醉，至少梦里有你追随。’我是身体和感情都不想伤害的人，没有身体，就不能体现感情！为了不伤感情，我喝；为了不伤身体，我喝一点。”

6. 君子动口，不动手

他要你干杯，你可以巧设“二难”，请君入瓮。你问他：“你是愿意当君子还是愿意当小人？请你先回答这个问题。”他如果说“愿意当君子”，你便说“君子之交，淡如水”，以茶水代酒，或者说“君子动口，不动手，你动口喝”，请他喝；他如果说“愿意当小人”，你便说“我不跟小人喝酒”，然后笑着坐下，他也无可奈何。

总之，拒酒词、拒酒的办法还有很多，要随机应变，“兵来将挡、水来土掩”。

演讲提示：

酒文化中既有祝酒词，也有拒酒词，即便你没有酒量，你也可以凭着你的机智和口才在交际场上应对周旋“顺利推杯”、游刃有余。

不懂汇报工作，如何混职场

演讲的形式有很多种，其中就包括工作汇报。现代职场的人们，很多时候都需要在公共场合作演讲。因为几乎所有的领导、企业都不希望自己的下属或员工跳出自己的视线之外，他们更希望全程掌握下属的工作状况。另外，职场人士作工作汇报，还有助于和其他人交流经验。然而，如何汇报确实是我们需要学习和掌握的知识。

小何毕业后就在一家外贸公司工作，如今的她已经是这家公司的部门经理了。她之所以升职如此快，是因为她一直很懂得与领导沟通工作。而最近，由于事情多、很忙，她就忘记了安排每月一次的工作报告会。

有一天，她在开会时批评下属说：“你们现在好像一天都很忙啊，好像都不汇报工作了。”可是，会后，她听见员工们说：“何总光会说我们，她自己好像也有十天半个月没有去参加总公司的会议了。”这话倒提醒了小何，她想，这段时间，工作是很忙，但是也没有忙到没有时间去向上司汇报工作情况的程度，怪不得总经理这些天好像都对自己有意见似的。即使再忙，公司的工作汇报会议还是应该准时参加的。

想到这里，小何立即安排秘书为自己作工作详细记录，第二天她在会上总结了上半个月的工作状况，也提出了下半月对提高公司业绩的具体执行方案。

会后，上司对她流露出微笑：“有进步啊！”小何也报以微笑。

从案例中，我们发现，对于职场人士来说，主动汇报工作很重要。那么，我们在做工作汇报的时候该注意些什么呢?

1. 有领导参与的演讲表达服从

古往今来，上下级之间，下级服从上级，这是天经地义的事，虽然也有很多下级冲撞上级，但他们都为此付出了代价，当今职场，这一规则更是不可动摇。在汇报工作的时候，这一点更是我们应该注意的。也就是说，汇报工作，我们要尽量把焦点放在“汇报”上，而不能越权，更不能说越位话。

2. 要有重点，不可眉毛胡子一把抓

给领导汇报工作，有时是一件事，有时是几件事一起作汇报，但无论汇报什么，你都应该把握重点，而不能眉毛胡子一把抓，更不可重复啰唆，领导的时间是宝贵的，你只有有重点、有条理地汇报，才能为领导节约时间，同时体现你干练的工作风格。

3. 条理要清晰

分一二三四点地汇报，能让领导清晰地领悟你汇报的内容。

4. 多提解决的方法

汇报工作最重要的是提出解决问题的方案而不是简单地提出问题。要记住，汇报问题的实质是求得领导对你的方案的批准，而不是问你的上司如何解决这个问题。否则，事事上司拿主意，要下属还有什么意义呢？我们去找领导汇报工作时要预备多套方案，并将它的利弊了然于胸，必要时向领导阐述明白，并提出自己的主张，然后争取令领导批准你的主张，这是汇报的最标准版本。假如你进行的总是这样的汇报，相信你离获得晋升已经不遥远了。

5. 关键处多征求意见

聪明的职场人士善于在作工作汇报的关键处征求听众的意见和看法，将听众的意志融入正专注的事情。关键处多征求意见是职场工作报告中争取听众支持的好办法。那么，何为关键处？即为“关键事情”“关键地方”“关键时刻”“关键原因”“关键方式”。

在了解了以上汇报工作的方法后，我们大致便能抓住听众的心理，从而让听众从心里满意我们的表现了。

演讲提示：

一个成功的职场人士也必然是一个善于汇报工作的人。我们要想赢得上司的信任，就必须掌握领导的心理，学会巧妙汇报工作，把句句话说到上司心坎上，令上司满意于我们的表现。

职场人士的就职演讲

我们都知道，任何演讲的目的和作用都在于打动听众、获得听众的认可。而对于就职演讲来说，这一目的就更强了，我们的演讲语言必须有鼓动性和说服性，这样才能让听众信任我们，把工作乃至重要的任务交给我们。

我们先来看下面这篇就职演讲：

××公司所有在座的领导和同事们：

大家下午好！非常感谢大家能暂停手上的工作来听我这个就职演讲，更感谢大家能选我做公司的CEO，我深知这个结果的分量，因为它包含着全公司上下一千多人的重托。

能成为公司的CEO，我感到无上光荣。

从刚开始来这家公司，到现在已经十年了，我一直热爱这份工作，它不仅给了我生活的物质来源，还给了我实现价值的机会，这十年里，我也获得了不断的成长。

在感到光荣的同时，我更感到一种压力。对我来说，今天是一个新的起点，我担负着更大的责任，现在的我就像一个学生，我要学习如何把公司做大做强；或者说像写一篇文章，如何把这篇文章写得更好。这是对我的一种检阅、一种审视、一种挑战。我将在今后的工作中，恪尽职守，踏踏实实，勤奋工作，毕全部精力以求不辱使命。我想，只有这样，才能回报大家对我的信任和厚爱。

接下来，我想谈谈我对本公司未来一年的发展规划……

我深知自己知识储备不足，能力更是有限，但是同样也坚信，只要我能努力学习、尽我所能，就能和各位同仁一起把公司做大做强。

我相信，经过我们一起努力，我们的奋斗目标就可以实现，也一定能够实现。我渴望在我交卷或者交棒的那一天，得到的掌声比现在更多、更热烈。因为，你们的肯定就是对我最大的褒奖。

最后，我要说的是：我将铭记今天，我将忠实履行诺言。

谢谢大家！

在这一演讲中，我们看到了一个即将上任的CEO是如何雄心勃勃地展现自己的信心的。的确，随着经济的发展和社会的进步，就职演讲已经成为就职之初必不可少的一个重要环节。大到国家领导人，小到班组长，新上任时一般都要发表就职演讲。为了在演讲中充分展示我们的领导素质、管理才能和人格魅力，要认真写好就职演讲稿。

这里，我们同样可以将就职演讲划分为以下几个部分：

1. 标题

就职演讲的标题有三类。

一类是文种标题，即只标“就职演讲稿”；一类是公文标题，由就任职务和文种构成，如《关于就任××乡乡长的演讲》；还有一类是文章标题，可用单行标题，如《当市长，就要向人民负责》，也可用正副标题，如《官居八品，责尽十分——与乡镇全体干部初次见面时的讲话》。

2. 称谓

指对现场听众的称呼。这要根据听众的不同身份而定，力求恰当、得体。如“各位领导，同志们”等。

3. 正文

（1）开头。就职演讲的开头，一般都要表达任职者的心情和对听众的谢意。

（2）主体。这是全文的主要内容。应当着重谈就职者的工作目标、打算和措施，以获取听众的信任和支持。

（3）结尾。就职演讲的结尾，一般都要发出号召，展望前景，给听众以激励和鼓舞。上述案例中，就职者在演讲的结尾热情洋溢地说：“我相信，经过我们一起努力，我们的奋斗目标就可以实现，也一定能够实现。”这样的结尾，充满了强烈的凝聚力和感召力。

另外，作就职演讲时，我们还需要考虑到一些现场因素，包括：

1. 时间

就职演讲总是在特定的时间背景下进行的，一般都是在确定就职后的某个时间，在演讲中，对这一时间进行强调和阐发，不仅可以增强现场的气氛，而且能够引起听众的共鸣。

例如，一位新当选的县长在他就职演讲的开头说道：“今天，是我最难忘的日子，最荣幸的日子，也是最激动的日子。在此，让我向各位人大代表表示衷心的感谢！向在座的各位领导、同志们和全县35万父老乡亲表示崇高的敬意！”这样开篇，恳切自然，给听众以良好的印象和感受。

2. 地点

一般来说，就职者发表演讲的地点，也就是他开始新的工作的地方。因此，撰稿时突出地方特点，有助于演讲者表达真情实感。

3. 听众

在就职演讲中，听众的反应直接关系到演讲的效果。因此，撰写就职演讲稿时，必须注重听众的身份特点和思想倾向，通过语言照应，以增强现场交流感。

演讲提示：

就职演讲最重要的目的就是向听众传达出我们对工作的信心和胜任的能力，因此，演讲中突出对听众的鼓动性尤为重要。

欢送词，营造轻松氛围

欢送词，是在宾客访问结束，或在隆重典礼、喜庆仪式、公众集会上将要离去时，主人对宾客表示热烈欢送的讲话文稿。可以说，欢送词是演讲的重要形式之一，将欢送词说得到位，能体现自己作为主办方的良好仪态，也有助于双方关系的进一步发展。

一般来说，欢送词由标题、称呼、正文和结尾四个部分组成。我们先来看下面的两段范文：

尊敬的女士们、先生们：

首先，我代表×××，对你们访问的圆满成功表示热烈的祝贺。

明天，你们就要离开××了，在即将分别的时刻，我想大家和我一样一定依依不舍，虽然我们相处的时间不长，但彼此间建立了深厚的友谊。在我们中国，有句俗语：“来日方长，后会有期。”我们欢迎各位女士、先生在方便的时候再次来××做客，相信我们的友好合作会日益加强。

祝大家一路顺风，万事如意！

这篇欢送词简单明了，表达了自己依依不舍的惜别心情和对双方继续合作的美好愿望，诚意十足，是典型的欢送词发言格式。

尊敬的××先生：

再过30分钟，您就要起程回国了。我代表×××集团公司，并受×××董事长之托，向您及您率领的代表团全体成员表示最热烈的欢送！

我们感到高兴的是，在您和您的代表团来我公司的一个星期内，大家经过多次会谈，达成了五个实质性的协议，取得了令人满意的成果。在此，我们对您在洽谈中表现出的诚意和合作态度，深表感谢！我衷心地希望您和您的同事们今后一如既往，为进一步发展我们双方的经济贸易往来而不懈努力！

最后，我们期待着您和您的同事们明年再来这里访问。

谨致最良好的祝愿！

××集团公司总经理××

这篇欢送词在向客人表达欢送之意的同时，突出了两方面的内容。其一是与客人会谈的所取得的成果、收获，表达感谢和祝愿。“一个星期内”一句，点明客人的访问时间长度。“再过半小时，您就要起程回国了”一句，又点明欢送的缘由。其二是主人的希望、要求和祝愿。全文感情诚恳，用语巧妙，语言精练，是一篇不错的欢送词。

在公用场合发表欢送词，是为了总结主宾相处的结果，并表达美好的祝愿和希望。这其中最为重要的是欢送词的写作，欢送词作为一种日常应用文，是当代应用写作学研究的文种之一。

那么，欢送词如何写呢？

1. 标题的写法一般有两种

单独以文种命名，如《欢送词》；由活动内容和文种名共同构成，如

《在××研讨会结束典礼上的讲话》。

2. 称呼要求写在开头顶格处

要写出宾客的姓名称呼。如“尊敬的各位先生们、女士们”“亲爱的×××大学各位同仁”。

3. 欢送词的正文一般由开头、中段和结尾三部分构成

（1）开头通常应说明此时在举行何种欢送仪式，发言人是以什么身份代表哪些人向宾客表示欢送的。

（2）在中段这一部分要回顾和阐述双方在合作或访问期间在哪些问题和项目上达成了一致的立场、取得了哪些有突破性的进展，陈述本次合作交流中双方的合作和交流给双方所带来的益处，阐述其深远的历史意义。对于私人欢送词还应注意表达双方在共事合作期间彼此友谊的加深以及分别之后的想念之情。若为朋友送行，还要加上一些勉励的话。

（3）通常在结尾处再次向来宾表示真挚的欢送之情，并表达期待再次合作的心愿。对于亲朋远行尤其 要表达希望早日团聚的惜别之情。

（4）欢送词在落款处要署上致词的单位名称，致词者的身份、姓名，并署上成文日期。

另外，在撰写欢送词演讲稿的时候，我们需要注意的两点是：

（1）欢送词的正文主要是写宾客来访期间的双方交往、友谊及取得的成果；事关重大的访问或交往还要对所取得成果的意义作重点的阐述，并对今后继续交往表明意见或期望，还要表示欢迎以后再来的诚意。

（2）如果访问或交往未取得成果甚至出现僵局，欢送词也需要以礼待人，既巧妙地表达自己的原则立场，又要着眼于未来，极力营造一种欢送的氛围。

演讲提示：

欢送词的演讲中，最为重要的是欢送词的撰写，将每个细节考虑到欢送词中，才能演讲到位，让听众满意离去。

如何讲好生日庆典主持词

生活中，我们经常需要参加各种各样的聚会，其中就包括生日聚会，无论是“寿星”本人，还是其他宾客，都有可能被推举出来发表演讲，此时，我们该说些什么呢？我们不妨先来看下面的演讲：

尊敬的爷爷、奶奶、叔叔、伯伯、阿姨们：

大家中午好！

今天是我特别高兴的日子，今天，我12岁了。阳春三月，在不知不觉中，我已经走过了朦胧的儿童时代。在和煦的春风中，我迎来了12岁的生日，我感到万分的高兴和激动。12岁是成长的里程碑，是岁月的见证，从牙牙学语到蹒跚学步，从跨进学校的大门到迎来12岁的生日，尽管时间步伐总是那么匆忙，但许多的人和许多的事是如此清晰地留存在我的脑海中。

今天，我似乎一下子觉得自己长大了，懂事了。

今天，我感受到了来自大家对我的关心和呵护。

今天，我知道了时间的宝贵，让我懂得了珍惜时间。

今天，我更感觉到了亲情的温馨，友情的难得！

今天，我沉浸在前辈、朋友、同学们赐予我的幸福中。

我要感谢生我养我的父母，和一直疼爱我的爷爷奶奶，还有看着我长大的叔叔阿姨，感谢他们这十二年里对我无微不至的关怀，没有他们就不会有今天的我。我将把12岁当作我生命里的又一个崭新起点，勤奋刻苦、积极上进，让最美的笑容永远在我的脸上灿烂！

感谢大家在百忙中抽出时间，给我送来了最珍贵的祝福，在此，我代表我们全家向大家表示最诚挚的祝福和最衷心的感谢！并祝愿爷爷奶奶们身体健康、福如东海；叔叔阿姨们工作顺利、家庭快乐；小朋友们和我一样天天向上、快乐成长。

这篇生日庆典词，表达了一个12岁少年对于成长的感慨，也表达了他对宾客的感谢之意。

从这篇演讲词中，我们大致也能总结出生日庆典词的大致脉络：

1. 开场白

比如，你可以说："尊敬的各位来宾、亲爱的小朋友们，大家晚上好！今天是个好日子，大家欢聚一堂，共同庆祝××小朋友12岁生日。在这喜庆的日子里，首先我代表××及其全家，对大家的光临表示热烈的欢迎，并致以衷心的感谢！"

2. 幸福一家人入场

你可以说："今天的小主人、小寿星，历经12个春秋，在父母的精心呵护下，在众亲友的亲切关怀下已经由一名弱不禁风的婴儿逐步成长为一名帅气腾飞的英俊少年。从今天起他将告别多姿多彩的金色童年，步入五彩缤纷的如花少年时代。下面，请大家用最热烈的掌声，请出这幸福甜美的一家！

3. 寿星生日感言

生日庆典上是一定要请出寿星发表感言的，比如，你可以这样说："××小朋友今天的心情怎么样?知道爸爸妈妈为什么给你举办这么大的生日聚会吗？因为从今天开始你就不再有人生中宝贵的童年了！你将步入一个金色的少年时代！爸爸妈妈为了让你拥有一个多姿多彩的人生历程，请来了各位叔叔阿姨、爷爷奶奶，共同见证这样一个激动人心的难忘时刻，是不是要特别感谢爸爸妈妈啊？感谢各位叔叔阿姨、爷爷奶奶……那么就把你此刻的心情讲述给在座的各位叔叔阿姨爷爷奶奶！（小寿星生日感言）"

4. 寿星亲属发言

接下来，你可以说："从你呱呱坠地那天到今天，爸爸妈妈一直把你当作宝贝看待！含辛茹苦地把你抚养长大, 这热闹非凡的喜庆时刻一定令小寿星的全家永远难忘。接下来请××的父母讲话……朴实简捷的话语代表着他们全家的心声！又体现着父母对孩子的一份浓浓厚爱！现在请我们的小寿星为他的父母送上美好的祝福！三鞠躬和大大的拥抱。”

再接下来，生日庆典的流程是宾客为寿星送上礼物，还有点生日蜡烛、唱生日歌、许愿、切蛋糕等。

“朋友们！激动人心的时刻就要到了！请为我们的小寿星点燃生日蜡烛，并请小寿星默默许愿，让我们一起唱《生日快乐》这首歌。共同祝愿××小朋友生日快乐。十二支蜡烛照亮着十全十美，一首歌曲抒发了五光十色的深情，此时此刻我们的小主人是多么的幸福！”

5. 结束语

最后，你可以说：“朋友们让我们共同举杯，再次祝愿××小朋友，生日快乐！明天更美好！同时也祝愿所有的来宾朋友，合家欢乐，幸福安康。我宣布，宴会开始！”

演讲提示：

生日庆典主持词重在表达出宾客们对寿星的祝福，演讲词要做到欢乐、明快，带动大家互动的兴趣，进而让寿星度过一个快乐的生日！

参考文献

［1］戴尔·卡耐基.卡耐基魅力口才与演讲的艺术［M］.北京：中国华侨出版社，2011.

［2］彼得·迈尔斯，尚恩·尼克斯.高效演讲：斯坦福最受欢迎的沟通课［M］.长春：吉林出版集团有限责任公司，2013.

［3］许峥.跟TED学演讲［M］.北京：中国法制出版社，2015.

［4］龙小语.从零开始学演讲［M］.上海：立信会计出版社，2015.